文斐/著

天下无局

《战国策》里的实用智慧

THERE WILL BE NO MORE CONSPIRACIES IN THE WORLD

哈爾濱工業大學出版社
HARBIN INSTITUTE OF TECHNOLOGY PRESS

图书在版编目(CIP)数据

天下无局:《战国策》里的实用智慧 / 文斐著 . 哈尔滨:哈尔滨工业大学出版社, 2024. 8 — ISBN 978-7-5767-1584-2(2024.12 重印)

I. K231. 04

中国国家版本馆 CIP 数据核字第 2024QM7532 号

HITPYWGZS@163.COM
艳|文|工|作|室 13936171227

天下无局:《战国策》里的实用智慧

TIANXIA WU JU:《ZHANGUOCE》LI DE SHIYONG ZHIHUI

策划编辑　李艳文　范业婷
责任编辑　张羲琰
封面设计　宋晓亮
出版发行　哈尔滨工业大学出版社
社　　址　哈尔滨市南岗区复华四道街 10 号　邮编 150006
传　　真　0451-86414749
网　　址　http://hitpress.hit.edu.cn
印　　刷　三河市天润建兴印务有限公司
开　　本　710 毫米 ×1 000 毫米　1/16　印张 13.5　字数 138 千字
版　　次　2024 年 8 月第 1 版　2024 年 12 月第 5 次印刷
书　　号　ISBN 978-7-5767-1584-2
定　　价　52.00 元

前言

世上少有局外人，不在此局里，便在彼局中。

有的人身处局中而不自知，只能任人摆布。有的人则一心想掌握全局，上蹿下跳、前思后想，但实际上，也还是在“局”里，无非争了个眼前是非而已。

以上两种，皆非“正道”。唯有勘破“局本质”、摆脱“局思维”，才是立身之本、成功之道。这需要掌握布局的视野、破局的能力、控局的心态，唯有如此，才可以在局中游刃有余、轻松应对。彼时，便达到了“天下无局”的境界，只因你已经超脱了局的束缚，不再是个浑浑噩噩的“局中人”。

想要达到天下无局的“境界”，我们需要分三步走。

首先是要掌握布局的视野。

布局，简而言之，是确立目标、制订计划的过程。在这个过程中，我们需要的是“三高”——高志向、高站位、高标准。

其次是要提升破局的能力。

“我本无意惹秋风，奈何秋风乱我心。”多少人想做个与世无争的局外人，可“局”却偏偏容不下无争之人。此时，躲避不是办法，唯有破局而出，才是正解，所以要提升破局能力。破局靠的是一个

“奇”，要的就是一个出奇制胜、化腐成奇。

最后是控局的心态。

做掌控局面的人，而不被局面所掌握，靠的是三分本事、七分心态。要知晓：心乱则神不宁，神不宁则无可慎思。只有修炼心态，才能稳定心神；稳定了心神，才能在“乱花渐欲迷人眼”的局面中岿然不动，稳坐“钓鱼台”。

布局、破局、控局，这“天下无局”的三重境界，做到哪一点都不太容易，想要把它们的精髓恰到好处地表达出来，则似乎更为不易。好在我们可以以史为鉴，从历史中找到对应的实例，用历史来说明问题。

历史上有一部“奇书”叫《战国策》。说它奇，是因为该书详述了战国时期纵横家们气吞山河的雄辩，令人拍案叫绝的奇谋。书中记录的不仅仅是单纯的战略技巧，更是对人性、人心、时势深刻洞察后的理性应对。它凝聚了先贤们的智慧结晶，为我们提供了在复杂环境中生存、学习、发展的宝贵指引。

本书将通过剖析《战国策》里的故事的核心智慧，结合现代人的生活实际，为读者深入浅出地解读关于布局、破局、控局的“实战技巧”。我们希望，通过阅读本书、学习这些古圣先贤的智慧，能更好地帮助读者在现代社会中做人做事，从而实现个人在成长、生活、工作抑或创业等诸多方面的发展。

作　者

2024 年 6 月

目录

上卷·布局谋天下

第一章　纵横——认清局势，方为英雄

第二章　韬晦——先保护自己，再面对世界

第三章 取舍——核心利益不容侵犯，边缘利益用来交换

中卷·破局定天下

第四章 权变——化危为机，扭转乾坤

第五章　诡道——卸下思想枷锁，解决实际问题

第六章　奇袭——避逆鳞，打七寸

下卷·控局安天下

第七章　审慎——审时度势，谨慎做事

第八章　进止——进取时当仁不让，静止时不动如山

上卷

布局谋天下

第一章

纵横

——认清局势，方为英雄

俗话说:“识时务者为俊杰。”个人能力再强，心气再高，也难抵挡时代潮流、大势所趋。因此，成事之关键，除了自身实力过硬外，还要有“识局”的能力。在瞬息万变的局势中，能够看清形势、顺势而为、纵横捭阖，方能成就英雄之事。

不怕不如人，就怕不识局

“毛羽不丰满者，不可以高飞；文章不成者，不可以诛罚；道德不厚者，不可以使民；政教不顺者，不可以烦大臣。”

——《战国策 · 秦策一 · 苏秦始将连横》

鸟的羽毛尚未丰满，就不可能展翅高飞。人的本领或实力不够，就不能成就大事。这时，我们要充分认识到自己的不足，然后发愤图强，找准机会，伺机而动。

战国时的苏秦本是农家子弟，他自认为谋略无双，已经具备了成为一个好谋士的能力，于是不远千里来到秦国，以连横策略游说秦惠王统一天下。

然而，秦王并不相信苏秦，反而说了一句话:“毛羽不丰满者，不可以高飞。”意思是，羽毛不丰满的不能高飞上天。因此拒绝了苏秦的建议。

苏秦游说失败，落魄潦倒之余，他意识到自己的学识还不够，于是回到家乡，发奋苦读，而后再次出山。

再次出山的苏秦，改变了之前连横的策略，开始以合纵之术游说诸国。

在赵国，他成功说服赵王，被封为武安君，拜授相印。之后，他以合纵之术联合六国，抑制强秦，从此飞黄腾达，显扬于诸侯。

面对秦王的不信任，苏秦并没有就此放弃，一蹶不振，而是做了两方面的准备:其一，发愤图强，提高实力；其二，也是更为重要的，就是学会识局，选择了更适合自己的平台。

显然，秦王并不赞同苏秦的主张，继续游说秦国并非明智之举。苏秦看懂了这个“局”，于是放弃游说秦国，转而选择赵国，他及时转变策略，用合纵之术说服赵王，从而得到了赏识。

由此可见，懂得“识局”是多么重要。人外有人，天外有天。面对比自己更优秀、更强大的人，努力进取的同时，不妨换个角度，学会观察局势，找准定位，也许一样能做出大成就。

东汉末年，群雄割据，许攸作为一方谋士，最初效力于袁绍集团，是袁绍的主要幕僚之一。在袁绍占据河北四州势力最强盛的时候，许攸一直为他出谋划策。

建安四年（199 年），袁绍最终战胜公孙瓒，据幽州、冀州、青州、并州，尽有河北之地，意欲南向以争天下。

此时的曹操，在迎汉献帝迁都许县（今属河南省许昌市），自始挟天子以令诸侯之后，先后击败吕布、袁术，占据兖州、徐州以及部分豫州、司隶，势力大增。

这样，华北最重要的两个政治军事集团，决战之势在所难免。

建安五年（200 年），曹操与袁绍相持于官渡（今河南省中牟县），展开战略决战。

当时袁绍有精兵十万、战马万匹，曹操只有两三万人马。于是，许攸向袁绍建议：“曹操兵少，他集中全力抵抗我军的话，许都的防备一定很空虚。因此，您大可不必与其正面交战，可以派军与他相持，然后再派一支队伍轻装前进，连夜奔袭，这样就可以攻陷许都、迎接天子了。占领许都之后，您就奉迎天子以讨伐曹操。这样，即便到时无法完全击溃曹操，也能让他首尾不能兼顾，疲于奔命，最终落败。”

这本是个极好的谋略。然而，袁绍却自认为兵力强大，一定能取胜，还声言要“先捉住曹操”。

袁绍的狂傲和拒绝纳谏，让许攸十分生气，他开始重新思考袁绍其人和当前的局势。

袁绍虽然兵多将广，占据优势，但他为人志大才疏，胆略不足，刚愎自用，兵多而指挥不明，将骄而政令不一。

官渡之战中，袁绍就屡次不听从下属的战略建议，盲目自信，导致多次战事失利。

许攸意识到，袁绍并非明主，虽眼下势力庞大，但最终一定会落败。

看清局势之后，许攸果断离开袁绍，连夜投奔曹操。

与袁绍的轻视不同，曹操对许攸的到来极为重视。两人深夜对谈，详细分析了袁绍的军情部署，许攸特别指出袁绍在乌巢（今河南省延津县境内）囤积了大量军粮。

这是至关重要的情报。

曹操果断采纳许攸之计，选精兵假扮袁军，拿着柴草向乌巢出发。袁军不疑有诈，将其放行。

到达乌巢后，曹军放火，致使袁军营中大乱，从而大破袁军，尽烧其粮草。

乌巢失守后，正在攻打曹军营寨的张郃、高览纷纷投降，袁军全盘崩溃。最终，袁绍仅带着八百骑兵逃回河北，曹操大获全胜。

可以说，许攸投奔曹操并提供关键情报的行为，对曹操扭转战局起到了决定性的作用。许攸也凭借此举，在曹操麾下得到重用。

许攸之举，再次告诉我们懂得识局的重要性。

技不如人并不丢人，发愤图强的同时，要学会“识局”。不适合自己的，你要果断离开，及时止损。你不一定是能力最强的，但找准平台，认清局势，就能发挥出你最好的那一面，创造出属于你的成功。

保持清醒，方能看清局中人

“同欲者相憎，同忧者相亲。今五国相与王也，负海不与焉。此是欲皆在为王，而忧在负海。”

——《战国策·中山·犀首立五王》

与人共事，一定要保持头脑清醒，懂得识人看人，以免判断失误，被人利用，伤及自身。那么，该如何看清局中人呢？

战国时，魏、韩、赵、燕、中山五国准备称王，齐国因国力强大，不愿与小国中山一起称王，还准备联合赵、魏两国，讨伐中山，废其王号。

为了自保，中山派谋臣张登前去齐国，游说齐相田婴。

在这种局面下，五国如何选择，显得尤为重要。面对张登想要齐国接纳中山称王的游说，齐国谋臣张丑说：“欲望相同的人互相忌恨，患难相同的人互相亲近。五国都想称王，唯有齐国企图阻挠，因此，对五国来说，齐国便是五国共同的忧患。那么，根据同忧者相亲的道理，五国显然更容易彼此亲近，远离齐国。”

我们常听说“患难与共”，而鲜少有“富贵与共”。人们往往在面对同样的困境或敌人、拥有同样的忧患时，会表现得互相亲近、抱团取暖、同仇敌忾。然而，当忧患消除、获取利益时，面对名利权势，人性的私欲便会膨胀，为了争名夺利，开始互相憎恨、反目成仇、势同水火。

范蠡是春秋时期的楚国人，因卓越的智谋和才能而闻名于世。他与好友文种一同投奔越国，受到越王勾践的重用，共同辅佐勾践复国兴邦。

公元前 494 年，越国被吴国打败。勾践被迫向吴王夫差称臣，并携妻子及部分臣子到吴国为奴三年，其中就包括范蠡。

在这段艰难的岁月中，范蠡一直陪伴在勾践身侧，以其深思熟虑的策略帮助勾践忍辱负重，伺机复仇。

回到越国后，范蠡在富国强兵方面提出许多有效的战略和政策。他提倡发展经济，增强军事实力，并运用各种计策削弱吴国。其中最为人所知的便是“卧薪尝胆”的故事。勾践以此激励自己不忘国耻，励精图治。范蠡还策划了著名的“美人计”，将美女西施等献给夫差，以麻痹其斗志，离间吴国内部的关系。

经过长期努力和精心准备，在范蠡的辅佐下，越国逐渐恢复元气并变得强大起来。公元前 473 年，越国终于击败吴国，完成复仇，并成为一时之霸主。

然而，在功成名就之际，范蠡深知历史上的君王常有鸟尽弓藏、兔死狗烹的行径，加之他对勾践的性格有着深刻洞察，认为勾践是可以共患难而难以共富贵的人。于是，在帮助勾践灭吴成功后，范蠡选择急流勇退，放弃高官厚禄，悄然离开越国，以免遭嫉妒或清算。

离开越国后，范蠡化名陶朱公，转战商界，凭借过人的智慧和对商业的独到见解，迅速积累了巨大的财富，三次散尽家财又三次重新成为巨富，被誉为“商圣”。他的举动体现了道家的处世哲学，他也成为我国历史上商人的典范。

不得不说，范蠡是极懂得识局看人的。他明白“同欲者相憎，同忧者相亲”的道理，所以才能急流勇退，成功自保。

与范蠡一同辅佐勾践的文种，显然缺少范蠡的清醒认知。史书记载，复仇成功的勾践，认为文种有覆国兴国之能，担忧他会对自己构成威胁，因此赐剑给文种，逼其自杀。文种也因此成为功高震主而不得善终的历史悲剧人物。

由此可见，人性是复杂的。在不同的环境和形势之下，人心会发生不同的变化。于我有利、需要你时，我便友好以待，同舟共济；于我不利、利益冲突时，便会彼此竞争，寸土不让。这样的故事，从古到今都不罕见。

因此，想要在人际交往中，尤其是与人共事中保护自己不受损害，就要学会观察局势，循“势”而动，看清局中人。利益相同时，要懂得防备；同处困境时，要懂得结盟。唯有如此，才能在复杂的局势中保持清醒，做出正确的判断和选择。

要许就许“上等愿”

“臣闻鄙语曰：‘宁为鸡口，无为牛后。’今大王西面交臂而臣事秦，何以异于牛后乎？”

——《战国策·韩策一·苏秦为楚合从说韩王》

生而为人，要有大志向。面对人生的选择和挑战，我们要树立远大的目标，有志气，敢拼搏，积极进取，迎难而上，这样才能活出精彩的人生。

韩国是秦国的“邻居”，也是秦国吞并六国的首要目标。面对强大的秦国，韩国国君准备接受秦国的条件，把土地割让给秦国。

此时主张合纵抗秦的苏秦，面见韩王进行了一番游说。他先是陈述了韩国的地理优势、兵力优势，然后指出，此时屈服于秦国，向它进献土地，明年秦国一定会得寸进尺，再度索要，这样下去，韩国就是自取灭亡。

之后，苏秦又说：“宁为鸡口，无为牛后。”意思是，宁可做小而洁的鸡嘴，也不做大而臭的牛后。由此告诉韩王，如果投向秦国，就相当于做了牛后。

此话一出，韩王顿时激愤不已，拔剑而起，仰天大喊道：“哪怕是战死，也绝不屈服于秦国！”

苏秦之所以能说服韩王，关键就在于他激起了韩王心底的志气。志气是立人立国的关键。一个人要想在社会上立足，就要有志气，敢于拼搏，敢于反抗，追求自主，活出尊严，不能丧失自己的独立性而做别人的附庸。唯有如此，才能获得别人的尊重，活出自己的精彩。

在《钢铁是怎样炼成的》这本书中，作者写道：“当他回首往事的时候，不因虚度年华而悔恨，也不因碌碌无为而羞耻。”是的，人生只有一次，要尽情演绎自己的人生，要许就许上等愿，要做就做第一流。

北宋杰出的政治家、文学家范仲淹，幼年丧父，家境贫寒，母亲谢氏带着他改嫁到长山朱氏。

据说范仲淹生活极其清苦。他曾经“断齑画粥”，就是将咸菜切成细丝，配着用少量米熬成的粥维持生活，可见清贫至极。

然而，生活的困窘没有压倒范仲淹，反而给了他奋斗的志气。他从小就刻苦学习。母亲改嫁后，为了不受继父家庭的影响能专心读书，他毅然离开家庭，寄宿到寺庙苦读。

他还有感于国家兴衰和个人命运的联系，从小就立下壮志，希望通过自己的努力，将来能够出人头地，为国家效力。

功夫不负有心人。寒窗苦读数年后，大中祥符八年（1015 年），范仲淹及第，由一介“寒儒”成为进士，走上仕途。他尽忠报国的志向也由此得以施展。

天禧五年（1021 年），范仲淹调任泰州西溪盐仓监，负责监督淮盐的贮运及转销。当时西溪紧邻黄海，旧的海堤因年久失修，多处溃决，海潮倒灌，淹没良田，人民苦不堪言。

范仲淹深感民众疾苦，上书江淮漕运张纶，痛陈海堤的利害，建议沿海筑堤，重修捍海堰。张纶奏明朝廷，仁宗于是调范仲淹为兴化县令，全面负责修堰工程。

天圣五年（1027 年），范仲淹为母守丧，居住在应天府宁陵县。当时的应天府知府晏殊邀请他到府学任职，执掌应天书院教席。

范仲淹主持教务期间，勤勉督学，以身示教，倡导时事政论。每次谈论天下大事，他都慷慨激昂，热血赤诚。他倡导士大夫应有矫正世风、严以律己、崇尚品德的节操，风行一时，令书院学风为之焕然一新。范仲淹日渐声名远播。

天圣八年（1030 年），范仲淹因直言劝谏离开京城，被任命为河中府（今山西省永济市）通判；次年，调任陈州（今河南省淮阳县）通判。

虽“处江湖之远”，范仲淹依然不改忧国忧民本色。在此期间，他多次上书议政。朝廷欲兴建太一宫和洪福院，范仲淹上书“大兴土木，劳民伤财”，建议停工。他还建议朝廷不可罢免职田，认为“官吏衣食不足，廉者复浊，何以致化”。

范仲淹的这些上书虽然未被朝廷采纳，但足见其一片忠心。

庆历三年（1043 年）八月，仁宗罢免副相王举正，拜范仲淹为参知政事。此后，为改朝廷沉积弊病，范仲淹上《答手诏条陈十事》，发起“庆历新政”，以推行朝堂改革。

虽然他领导的庆历革新运动只推行了一年，但却开了北宋改革风气之先，为王安石的“熙宁变法”打下了基础。

因直言善谏，范仲淹多次被贬。虽经历多次起落，他始终以国家和民众利益为重，从未忘记自己的使命和责任。

庆历六年（1046 年）九月十五日，好友滕子京重修岳阳楼，邀请范仲淹为其撰写记文。

于是，范仲淹借此机会抒发胸臆，写出了“先天下之忧而忧，后天下之乐而乐”的伟大抱负。这句流传至今的名言，也是范仲淹一生的真实写照。

他出身贫寒，却志向远大，一生致力于报国利民，忠心不改。在他死后，仁宗亲自题写其墓碑额“褒贤之碑”，加赠太师、中书令兼尚书令，追封楚国公。

范仲淹的一生，生动地诠释了一个从小树立远大志向、不畏艰难困苦，最终成就一番伟业的光辉形象。

无论面对何种困境，我们都要做个有志气的人，给自己树立更高的目标，勇敢迎接困难和挑战。

不做别人的附属品，只做自己生活的主人。俗话说，“有志者事竟成”。当你目标远大、追求卓越、积极进取时，你将充满力量和勇气，并最大化地实现自我价值，登上属于自己的耀眼舞台。

利益诱惑往往伴随巨大风险

“无功之赏，无力之礼，不可不察也。”

——《战国策·宋卫·智伯欲伐卫》

人们经常将莫名其妙到来的好事称为“天上掉馅儿饼”。这个比喻十分形象，让人马上就能明白，这种事情几乎是不存在的。但在生活中，人们却盼望着天上能掉馅儿饼。当真的有“馅儿饼”到来的时候，很少有人会去分辨这天降的利益背后究竟隐藏着什么。

“馅儿饼”背后隐藏的是什么？从天而降的利益往往是别有用心的，与其说是白来的好处，倒不如说是有可能会让人蒙受巨大损失的鱼饵。当鱼儿失去警惕性、大快朵颐的时候，就是将鱼钓上来的时候。

春秋时期，晋国想要攻打卫国。晋国大臣智伯送给卫国国君四百匹野马和一块玉璧。卫国国君很开心，群臣都来庆贺，只有南文子面露愁苦。卫国国君询问他，晋国送来重礼，全国上下都很高兴，为什么你却满脸愁容呢？

南文子回答说：“没有功劳就得到赏赐，毫不费力就得到礼物，怎么能不慎重呢？这野马、玉璧本该是小国进献给大国的礼物，如今却是大国送给小国，我认为您应该谨慎考虑。”卫国国君听了以后马上命令边疆将士警惕晋国，果然发现了晋国前来偷袭的士兵。

随后，智伯又假装驱赶太子，让他逃往卫国。南文子对卫国国君说：“太子颜是个很贤明的君子，深得智伯宠爱，没听说他犯下什么过错却被驱赶，这其中必定有诈。”随后，南文子命人前往边境迎接太子，叮嘱说：“如果太子带的兵车超过五辆，就将他阻拦在边境上。”南文子的警惕又一次挫败了智伯的计划。

南文子能够看清隐藏在“馅儿饼”背后的陷阱，所以才在全国上下一片欢腾的时候面露愁容，戳破智伯的阴谋，让卫国凭空得到一笔厚礼。然而，很多时候，陷阱距离馈赠的距离非常近，仅仅是收下礼物就可能踏入陷阱。

春秋时期，公仪休成为鲁国宰相。他以清廉闻名，有足够的才智与品德，很喜欢吃鱼，全国上下都争相送鱼给他。奇怪的是，公仪休似乎从来没有收过他人的鱼，这让人们非常不理解。

一天，公仪休的弟子子明前来拜见他。公仪休刚刚外出，还没有回来，子明就在书房等着公仪休。过了一会儿，公仪休回来，就与子明聊了起来。两人从学问聊到风土人情，随后又聊到了美食。

公仪休脸上露出回味无穷的表情说：“子明啊，我今天吃了一条鲤鱼，那个味道可太鲜美了。鱼肉真好吃，要是能天天吃上鱼，这日子得有多美。”

子明一直对公仪休不接受他人送来的鱼这件事情很不理解，他正要询问，公仪休的管家走了进来。管家对公仪休说：“大人，外面有人来给你送鱼。”

公仪休摆摆手说：“就说我生病了，已经不能吃鱼了，把鱼送回去吧。”管家似乎见怪不怪，鞠躬之后就拿着鱼退了出去。

子明本就有疑惑，又适逢这样的事情，就询问公仪休宁愿撒谎，也不接受他人送来的鱼。

公仪休叹息一声，对子明说："我也很想接受这条鱼，但这鱼哪里是那么好拿的呢？吃人的嘴短，拿人的手软。今天我收下了他的鱼，就等于受了他的恩惠，欠了他的情分。那么，他要我还人情的时候，我要不要还呢？"

子明回答说："为什么不能还呢？礼尚往来，也是人之常情。"

公仪休摇摇头说："要是他的要求是让我损害人民的利益呢？让我违法乱纪呢？所以，这鱼是绝对不能收的。"

子明这才明白公仪休撒谎的原因。从那以后，他不仅跟着公仪休做学问，还时时刻刻以公仪休的品德来要求自己。

公仪休的想法可谓未雨绸缪，哪里有什么无缘无故的馈赠呢？这些看似天上掉下来的馅儿饼，背后都隐藏着陷阱。公仪休能够抵御诱惑，保证自身的安全。那么，忍受不住诱惑，又会发生怎样的事情呢？

战国时期，蜀地物产丰富，但地处险要，易守难攻。秦国对蜀国虎视眈眈，苦于找不到轻易拿下蜀国的办法，这才将吞并蜀国的计划搁置下来。一天，有谋士献上一条妙计，只要雕刻一头石牛，在石牛身后放上很多金银财宝，放出消息称这些财宝都是石牛排出来的。蜀国国君贪财，必然要打石牛的主意，到时候再把石牛送给蜀国，就能让蜀国打开国门了。

秦国国君依计行事，派出使者，说要把石牛送给蜀国，当作两国和平的见证。蜀国国君大喜过望，赶忙让秦国使者把石牛送来。秦国使者面露难色，说：“蜀地太过险峻，道路狭窄，石牛不能通过。即便我国全力开凿，也要几年的时间才能打通。”

蜀国国君哪里等得了那么长时间，大手一挥，征发全国民夫，全速开凿一条连通蜀国与秦国的道路。秦国听说以后，就着手为战争做准备。它将士兵伪装成运输石牛的民夫，等蜀国把道路打通以后，就进入蜀国，将蜀国吞并了。

他人送来的利益，哪里是那么好拿的呢？对方愿意舍弃利益，必然是因为能获得更多的好处。蜀国国君被贪欲蒙蔽了双眼，根本没有想过秦国为什么要把这样的至宝送给蜀国，凭对方一句话，就为秦国开凿好了进攻自己的通道。有这样的国君，国家被他国吞并，不足为奇。

看人不如看“群”

“夫鸟同翼者而聚居，兽同足者而俱行。”

——《战国策·齐策三·淳于髡一日而见七人于宣王》

人人都知道物以类聚、人以群分的道理，但实际运用起来，却往往不跟随自己的理智，凭借情感做判断。只要他人将形象加以伪装，就不能正确认清他人的真实面目。

世界上的确有出淤泥而不染、濯清涟而不妖的贤人。他们处在污泥之中并不是自己的选择，而是环境的限制、条件的要求。真正的贤人是不会跟着别人在污泥中打滚的，他们会选择志同道合者。

战国时期，齐国有一位经历非常传奇的政治家，名叫淳于髡。他出身赘婿，是稷下学宫中最有影响力的学者之一。

某天，淳于髡为齐宣王推荐了七个人才。齐宣王有些疑惑，这世上的人才有这么多了吗？居然一天就能遇见七个？于是，他对淳于髡说：“我听说，在千里之内有一位贤士，就已经算是贤士们并肩而立的程度了。如果百代之中出现一位圣人，人们就会说圣人接踵而至。你今天一早，就推荐了七位贤士，这是不是有点太多了？”

淳于髡马上反驳齐宣王：“您说得不对，具有相同羽翼的鸟儿会聚集在一起生活，爪子相同的兽类会在一起行走。如果去那些地势较低、环境潮湿的地方采集柴胡、桔梗，世世代代的人无论怎么努力也采集不到一两。如果去梁父山北坡这样的地方去采集，那就可以用车来装。世上的万物有其分类，而我淳于髡就是贤士这类人。如果君王让我寻找贤士，那就如同从黄河当中取水、用燧石生火一样容易。我要推荐给君王的贤士，又何止七人？”

淳于髡的这番话或许有自吹自擂之嫌，但其中的道理却是不言自明的。如果你想要找水，那就去海洋；如果你想要找石头，那就去高山；如果你想要找人才，那就先找来一个人才要他引荐。与人才交往的或许并不都是人才，但总比普通人身边的要多。

想要看清一个人的品行、才能是否如他所表现的一样，也可以通过他身边的人来判断。如果一个人品行高洁，那他身处品行较差的圈子里时，自然不会如鱼得水。当我们要对一个人的品行下判断的时候，根据他身边的人来决定会得到更加准确的答案。

在古代，考察制度不够严密，判断官员是否称职的时候，往往需要有一些技巧。观察其身边的朋友，就是一个可靠的办法。明朝有一位名叫颜之介的官员，就是这样为自己选择下属的。

颜之介手下有两名负责文书工作的小吏，一个叫文涛，另一个叫宋如贵。两人平日里的表现不相上下，也没有出过什么纰漏、差错。后来，颜之介被提拔为知府，举荐下一任县令的任务就落在他的头上。

颜之介通过一段时间的观察，最后推荐了文涛做新任县令。文涛上任后，为官清廉，处处为百姓着想，人人爱戴。因为文涛的出色表现，人人都称赞颜之介眼光出色。

一次，有朋友问他为什么选择文涛而不是宋如贵，颜之介回答说：“两人的能力都不错，但我经过一段时间的观察，发现宋如贵身边的都是些酒肉朋友，文涛来往的都是品德高尚的文士。通过一个人的朋友，就可以看出这个人是什么样的。所以，我推荐了文涛。”

颜之介的办法非常有效。身份高低，学识深浅，财富多寡，都不能决定一个人品行的好坏，而从一个人交往的圈子却能分辨出来。观察宋如贵的时候，他给出的回答也不是宋如贵朋友品行的好坏，而是说“酒肉朋友”。

酒肉朋友意味着不是真正的朋友，只是出于某种利益才在一起。宋如贵整天与这样的人来往，要么识人不明，要么他也不在乎与酒肉朋友在一起，有些薄情寡义。不管是哪一种，都说明他不是合格的人选。

画龙画虎难画骨，知人知面不知心。想要了解一个人，就要像剥洋葱一样，一层层地打开去寻找那份真实。但在生活当中，我们往往没有这样的机会，也不想在这样的事上花费太多的精力。他的朋友与我们没有太直接的关系，对我们是不设防的。因此，做一个粗略的判断，了解他的圈子和朋友可能是最快、最准确的办法。

认定之后，不动摇、不怀疑、不犹豫

“臣闻怀重宝者，不以夜行；任大功者，不以轻敌。”

——《战国策 · 赵策二 · 秦攻赵》

很多人喜欢定目标，一个目标完不成，再定一个，久而久之，什么也没做成，白白浪费了自己的时间与精力。其实，制定目标并不难，最难的，恰恰是实现的过程。

秦国要攻打赵国，为救赵国，苏秦前去游说秦王。之前苏秦入秦推行他的治国主张，但因为没有认清天下局势，稍显幼稚的建议没有被秦王采纳。经过数年的学习与思考，此时的苏秦早已今非昔比。

一来到秦王宫，苏秦便开门见山，直切要害。他重点讲述了齐国数年间连续发动战争，虽然威慑到了其他国家，但也导致自身国空人绝的情况，旨在让秦王明白，无止境的战争只会让民生凋敝、国库空虚，不利于长远发展。

接着，他说：“握有贵重宝器的人，不在夜间走路；能做大事的人，不应该轻敌。”

通过这句话，他让秦王意识到，真正成大事的人，不会轻视敌人，因一时占据优势而骄傲自满、掉以轻心。秦国要想成就霸业，必须将眼光放长远，休养生息，养精蓄锐，而不是计较眼前一场战争的得失。

最终，秦王听从苏秦的劝告，放弃攻打赵国。苏秦也通过自己的游说，换来了此后长达二十九年的诸侯休战、天下安定时期。

欲成大事，须得心怀远虑，制定长远的目标。目标定下后，就要不动摇、不怀疑、不犹豫，认真对待，坚定执行，持之以恒。只有这样，才能实现目标。

然而，很多人制定目标后，却没有坚定地去行动，而是三心二意、犹豫不决、瞻前顾后，乃至半途而废，最终只有失败。那些卓有成就的人，无一不是在目标确立之后能够坚定执行的人。

明朝嘉靖年间，东南倭寇横行。朝廷多次委派官吏治理海防，驱逐倭寇，但因官员贪污之风日盛，一直难有成效。

嘉靖二十三年（1544 年），年仅十六岁的戚继光，从父亲那里承袭了登州卫指挥佥事的职位，开始管理登州卫所的事务。

登州隶属山东。那个时期，山东沿海一带频繁受到倭寇的滋扰。倭寇侵入村庄，烧杀抢掠，无恶不作，当地百姓深受其害，苦不堪言。面对此情此景，戚继光十分愤慨，他在一本兵书的空白处，写下了名为《韬钤深处》的诗，其中最后两句是："封侯非我意，但愿海波平。"从此，他便立下了一生为民奋斗、驱逐倭寇、安定海防的远大目标。

目标定下，便要坚定地执行。初上任的戚继光，发现自己管辖区内的二十五个卫所，因年久失修，早已破败不堪，难以抵御倭寇。而且，由于倭寇连年侵扰，军卒逃亡现象严重，所剩的都是一些老弱残兵，且纪律松散，缺乏训练，根本无法组织有效的反击。

于是，戚继光决心改变现状，"振饬营伍，整刷卫所"。他下令严肃军纪，训练士卒，整顿军容。当时，戚继光的舅舅也是他下属的一员。一次，他仗着自己的长辈身份，不肯听从戚继光的调遣。

为了严明军纪，戚继光当场下令，按照有关营规责罚了舅舅。将士们看到戚继光如此执法如山，不徇私情，都非常震动，以前散漫无序的军营秩序大为改观。

除了整顿军纪、训练将士，戚继光还意识到，倭寇武器精良、剽悍勇狠，战斗力一般的将士很难抵挡，必须训练新军。

于是，他开始招募新兵。戚继光优中选优，以体态丰伟、武艺精熟、聪明伶俐、力大如牛四个方面为标准，严格挑选应募者。此外，他还强调了选人时的三不用，即"凡城居者不用，尝败于敌者不用，服从官府者不用"。由此，他招募到了一批胆子大、敢拼命的新兵，这便是日后赫赫有名的"戚家军"。

除了步兵，戚继光还着重训练水师。戚家军的水师战舰分不同类型，长短各一，相互配合。水师编队也进行了严格划分，根据不同敌情，或分散攻击，或合力围攻，大幅提升了明朝的海防力量。

正是通过一步步坚定地执行，戚继光最终实现了自己年少时立下的目标。嘉靖四十年（1561 年），他带领的戚家军在台州、仙居、桃渚等地大战倭寇，九战九捷。次年，他又奉调援闽，将福建境内的倭寇主力一举全歼。从此，倭寇再也不敢轻易进犯。戚继光也由此被后人称颂为"民族英雄"。

其实，人与人的差别，在很大程度上就体现在如何对待目标上。那些定了无数个目标，却一个也没有完成的人，终其一生也难有作为。

而那些虽然只定了一个目标，却坚定不移地朝着目标迈进，无论出现什么困难都不放弃的人，最终必有所成。所以，哪怕你资质平平、起点很低，但只要你为自己定下一个目标，并为了实现这个目标勇敢前行，始终坚持，终有一天，你会收获属于你的成功。

第二章

韬晦

——先保护自己，再面对世界

自己都保护不了，何谈面对世界呢？做任何事之前，都要懂得先保护自己。与其锋芒毕露、高调张扬、招惹是非，不如收敛光芒、低调行事、韬光养晦。这样，方能减少外界的关注和潜在威胁，借此默默积攒实力，提升自我，等待时机，一飞冲天！

善作未必善成，善始未必善终

“善作者，不必善成；善始者，不必善终。”

——《战国策 · 燕策二 · 昌国君乐毅为燕昭王合五国之兵而攻齐》

做一件事情，有好的开头固然重要，但好的开头并不意味着一定会有好的结果。很多时候，好的开头只能代表一时，过程中的变化反而会让结局变幻莫测。

燕国最辉煌的时期是燕昭王执政时。彼时，燕昭王重用乐毅为上将军，联合五国的军队攻破齐国，连续攻下七十多座城池，乐毅战功赫赫。

然而，昭王去世，燕惠王继位后，中了齐人的反间计，怀疑乐毅，派骑劫代替他。乐毅被迫逃到赵国，被赵王封为望诸君。

这时期，齐国大将田单大败燕军，收复七十多座城邑，恢复了齐国的领土。

燕惠王此时追悔莫及。他生怕乐毅对燕国不利，于是派人前去，一面向乐毅道歉，一面以先王对乐毅的信任和重用为由谴责乐毅知恩不报。

面对惠王的指责，乐毅以一封长信进行回复，解释了自己逃亡赵国的原因。他虽然一开始受到燕国的重用，建立了功勋，但经历诸多事情之后，他的结果不一定是好的。

乐毅明白这个道理，所以不愿回到燕国。他的话也道破了一个生活的真相，那就是开头的发展情况并不直接对应着结局。

一件事能否干成，往往会受到多种复杂因素的影响，包括但不限于个人努力、外部环境变化、偶然事件等等。

不要因为事情开头很好就沾沾自喜，而是要始终保持警惕，持续努力，不断提高和改进。面对过程中的各种变数，我们也要及时调整策略和心态。唯有如此，才不会开头拿到一手好牌，最终却凄惨谢幕。

明朝开国大将蓝玉，一开始在常遇春帐下效力。他做事有胆有谋，勇猛无畏，凡征战必获胜。常遇春多次在朱元璋面前夸奖他。

此后，蓝玉多次随军出征，屡立战功。洪武十二年（1379 年），蓝玉被朱元璋封为永昌侯，俸禄两千五百石，并赐予世袭爵位的凭证。

明朝初期，元朝在中原的统治被推翻后，元朝皇室退居漠北，与明朝对峙，史称“北元”。

为了彻底清除北元对明朝的侵扰，洪武二十年至二十一年（1387—1388 年），蓝玉率军远征漠北，在捕鱼儿海（今贝尔湖）附近大破北元军队，俘虏北元皇子及部众数万，史称“捕鱼儿海之战”。

在这一战中，北元损失近十万人，元气大伤，此后再未对明朝构成倾覆性威胁。明朝北部疆域得到极大拓展，边防得以巩固。

蓝玉因此声名大噪，被朱元璋比作卫青、李靖，晋升为凉国公，达到其军事生涯的巅峰。

此后，蓝玉又相继讨伐了施南、忠建二宣抚司的反叛，平定都匀，追讨逃寇祁者孙，攻取西番罕东之地，征讨建昌指挥使月鲁帖木儿，等等。

接连不断的战功，让蓝玉一时风头无两，朱元璋也对其优礼有加。

然而，此时的蓝玉却日渐骄横、居功自傲。他不但蓄养了数千名庄奴、义子，还乘势横行霸道，胡作非为。

据说，蓝玉曾强占东昌民田，被御史查问时，勃然大怒，竟然将御史赶走。

一次，蓝玉北征南返时，夜里抵达喜峰关。守关的官吏没能及时开门迎接，蓝玉便纵兵毁关，破门而入。朱元璋听说了这件事，很不高兴。

而蓝玉丝毫没有意识到自己的错误，反而变本加厉。在侍奉皇上酒宴时，他竟然口出傲语，直言军中将校升降进退，大权皆操于他一人。这更令朱元璋不快。

西征返回后，蓝玉被封为太子太傅。他不愿位居宋、颍两公之下，说："我难道不能做太师吗？"可见他的骄横之态。

蓝玉这样飞扬跋扈的行为，终于引起了朱元璋的疑忌和不满。

洪武二十六年（1393 年），锦衣卫指挥蒋瓛告发蓝玉谋反，朱元璋遂以谋反罪将蓝玉逮捕，还由此牵连出大量的文武官员，形成历史上著名的"蓝玉案"。

此案株连甚广，众多功臣良将及其家族受到牵连，被诛杀者达一万五千余人。蓝玉本人更是遭受剥皮实草之酷刑，且被抄家、灭三族。

可叹，一代名将竟落了个凄惨的结局。

不得不说，有着卓越军事才能、勇猛善战的蓝玉，开头的运势极好，然而，在站上高位后，他不仅没有谨慎行事，还专横跋扈、恣意妄为，犯了朝堂大忌，酿造了最坏的苦果。

由此可见，无论你的起点有多高，开始时拿到多么好的牌，做事过程中若不谨慎应对，是否会获得好的结果是一个未知数。

所以，面对一时的成功，我们不要得意忘形；开始时一帆风顺，也不能沾沾自喜、掉以轻心。成功需要时时刻刻的专注、用心，一丝一毫的放松与大意，都可能招致失败。用心把握好每个环节，认真对待每个过程，遇到问题及时调整，才可能获得好的结果。

做事不密则成害

"臣闻谋泄者事无功，计不决者名不成。"

——《战国策·齐策三·楚王死》

计划做一件事时，除了必要的准备和行动，还要懂得保密的重要性。很多时候，往往在事情即将成功之际，一个小小的消息泄露，就会招致前功尽弃、满盘皆输。

楚怀王死的时候，他的太子还在齐国当人质。于是，苏秦建议齐相孟尝君扣下楚国太子，以此要求楚国割让土地。

然而，孟尝君却担心楚国另立新君，自己落得不义之名。苏秦不以为然，告诉他：计谋泄露就不会成功，遇事不决则难以成功。

这句话让孟尝君意识到，犹豫不决只会错失良机，计谋泄露将会招致不利于自己的局面，必须当机立断，果断行动，占得先机。

于是，孟尝君听从苏秦的建议，扣下楚国太子，同时派苏秦去楚国游说。

可以想见，在当时的情况下，如果孟尝君犹豫不决、拖延时日，导致齐国要扣留楚国太子的消息泄露，那么齐国不仅会背负骂名，还可能引发齐楚大战，这就是保密的重要性。面对一些重大的事件，如果不懂得保守秘密，就容易被对手抢占先机，或者被对手从中作梗，遭受失败。

事实上，很多人做事之所以会失败，就是不懂得保密的重要性。在成功的关键环节，重要信息遭到泄露，从而给了对手可乘之机，或者被对方找到漏洞，导致前期的努力全部白费，最终功亏一篑。

秦汉之际，匈奴冒顿单于杀死其父头曼单于，统一匈奴各部，逐渐强盛。楚汉相争时，双方均无暇北顾，冒顿单于利用兵强马壮的优势，直接威胁到汉王朝在中国北部的统治。

汉高祖七年（公元前 200 年），刘邦被冒顿单于率精兵四十万围困于白登山（今山西省大同市东北）达七日之久。虽最终得以突围，但西汉王朝此后不得不委曲求全，实行“和亲”政策，并且每年向匈奴送去大批棉絮、丝绸、粮食、酒等，以换取边境安宁。

这种情况一直持续到汉武帝刘彻时期。建元元年（公元前 140 年），汉武帝刘彻即位后，决定废除屈辱的“和亲”政策，对匈奴实施军事打击。

元光二年（公元前 133 年），汉武帝采纳大臣王恢的建议，精心策划了一次针对匈奴主力的诱敌深入歼灭战，决心一举全歼匈奴主力。

汉武帝一边派遣精兵三十万，命令护军将军韩安国、骁骑将军李广、轻车将军公孙贺率领主力部队埋伏在马邑（今山西省朔州市朔城区）附近的山谷中；另一边，命屯将军王恢与材官将军李息率领三万多人出代郡（今河北省蔚县东北），准备从侧翼袭击匈奴的辎重并断其退路，从而一举全歼匈奴主力。

一切布置就绪之后，汉武帝便派遣商人聂壹前往匈奴诱敌深入。

聂壹是马邑地区的大商人，以出塞经商为名，匈奴人都认识他。他借做买卖的由头，见到了匈奴军臣单于。

聂壹假意对军臣单于说，他手下有数百人，可以斩杀马邑县令，举城投降匈奴，到时候牲畜财物可尽归匈奴，但匈奴一定要派大军前去接应，以防汉军增援。

军臣单于贪图马邑城的财物，于是亲率十万大军进入武州塞（今山西省左云县），并派使者随聂壹先入马邑，等斩杀马邑县令后再出兵。

随后，聂壹便返回马邑，与县令密谋对策。最终，他们杀死了一名囚犯，割下首级悬挂在城门之上，伪装成县令的头颅，欺骗了匈奴使者。

军臣单于得到使者的报告后，不再怀疑，率领大军直奔马邑方向。

眼看一场胜利志在必得，只等匈奴大军进入伏击圈，汉军便可全歼匈奴主力。

然而，看似万全的计划却遭到了泄露。

就在匈奴军队行进至马邑附近时，匈奴士兵抓到了一个雁门尉史。该尉史本是负责联络和诱敌深入的，被匈奴抓住后，因害怕受辱，他便向军臣单于泄露了汉军的伏击计划。

听闻消息后，军臣单于大惊道："几为汉所卖！"于是，他立刻下令撤军。

而这边，王恢、李息率领的三万大军已出代郡，却等来了匈奴退兵的消息，只好返回。韩安国等率领的大军在马邑境内埋伏，好几天不见动静，只好改变原先的作战方案，率军出击，结果匈奴早已不见踪影。

至此，三十万汉军无功而返，伏击行动宣告失败。

得知消息的汉武帝怒火中烧，将王恢投入监狱，王恢最终畏罪自杀。汉武帝想要一举歼灭匈奴的计划也由此泡汤。

做事不密则成害。一次小小的泄密就影响了整个战斗的走势，导致了不可挽回的后果。由此可见，保密工作有多重要。

保密，一方面是保护自己的核心优势，如实力、想法、计划等，不被对手提前获知或被居心不良者利用，从而招致自己的失利；另一方面，也能规避很多不必要的麻烦。毕竟，高调张扬容易遭人记恨，行事低调谨慎，反而能不引人注意地去做自己要做的事。

做事“想当然”，祸患无穷尽

“昔窃闻大王之谋出事于梁，谋恐不出于计矣，愿大王之熟计之也。”

——《战国策 · 魏策四 · 献书秦王》

面对问题、处理事情时，很多人喜欢“想当然”，凭借直觉和“自以为”的经验来判断，结果往往大错特错，陷入更麻烦的境地。

秦昭襄王作为我国历史上在位时间较长的国君之一，执政期间任用白起为将，接连发动了一系列战争，使得合纵抗秦的盟约逐渐瓦解。

一次，秦昭襄王准备出兵攻打魏国，有人表示不赞同，上书劝阻。他从魏国的地理位置入手，深入地分析了出兵魏国的不利之处。

他告诉秦王，魏国位于山东六国的腰部，如果贸然出击魏国，那么它前后的国家便会前来救援，由此形成联合抗秦之势。这样，秦国就要招来更大的祸患了。

与之相比，楚国远在南方，而且兵力较弱，即便开战，其他诸侯国也赶不及救援，是极好的出兵对象。

于是，秦王听从他的劝告，出兵楚国。

秦王出兵魏国，其实并未做深入考察和分析，属实是“想当然”行事。但就如那个人所言，魏国战略地位显赫，出兵魏国很容易“牵一发而动全身”，实在是很不明智的选择。

事实上，很多人会犯这个“想当然”的错误。面对一件事情时，人们往往会不自觉地拿以往的经验来套用，或者靠主观认知来判断，根据思维惯性来行事。

而思维惯性带来的是旧的经验和方法，对新事物并不一定适用。一味按照思维惯性行事，就会因循守旧、脱离实际，缺乏对事物的深入认知，从而无法得出科学的方法和结论。

公元前 260 年四月，长平（今山西省高平市西北）之战爆发。秦将王龁向长平的赵国军队发动进攻，赵孝成王命令老将廉颇迎战。

几战之后，赵军连败，廉颇率军退至丹河东岸，修筑壁垒，固守不战。

赵孝成王对廉颇颇为不满。此时，秦国又用内奸计，在赵国散布谣言说："廉颇很容易对付，秦国最害怕的其实是赵括。"

赵括是赵国名将赵奢的儿子。他自幼熟读兵书，谈论起军事战略来头头是道。然而，他缺乏实战经验，对战场形势的认识仅仅停留在理论层面，以为凭借自己的军事理论知识就能指挥大军取得胜利。

赵孝成王听信谣言，决定换赵括为将。他召来赵括，问他能不能打退秦军。赵括说："要是秦国派大将白起应战，我还得考虑对付一下，但如今来的是王龁，打败他不在话下。"

就这样，赵王不顾蔺相如和赵括母亲的谏阻，执意派赵括接替廉颇为主将。

公元前 260 年七月，赵括统率二十万援军来到长平，接替廉颇为主将。到任后，他不但更换部将，改变军中制度，还忽视战场实际情况和敌我力量对比，一改廉颇原有的防御策略，主动出兵进攻秦军。

秦国这边，秦昭襄王得知赵括代替廉颇担任主将后，暗地里调白起为上将军，改命王龁担任尉官副将，同时严令军中严守换帅秘密，有走漏消息者格杀勿论。

白起是秦国名将，善于用兵，与老将廉颇同列“战国四大名将”。他知道赵括只会“纸上谈兵”，早已想好应对方案。

他命令秦军佯装战败溃退。赵括还不知道秦国已经用白起换下王龁，认为秦军不足为惧，于是命令赵军乘胜追击，一直追到秦军的营垒。

此时，白起已派遣一支两万五千人的部队突袭到赵军后方，截断了赵军的后路；又命一支五千人的骑兵部队插入赵军与营垒之间，将赵军主力分割成两支孤立的部队，同时切断了赵军的粮道。

接着，白起又派出轻装精兵，多次向赵军发动攻击。赵军数战不利，赵括终于发现己方已经中计被围，被迫下令全军停止进攻，就地建造壁垒，转为防御，择机突围。

久经沙场的白起深知战机一瞬即逝，他岂会给赵括休养生息的机会？

秦军眼见赵括被困，缺乏粮草，便到河内郡（今河南省沁阳市及附近地区），加封当地百姓爵位一级，征调河内郡十五岁以上的青壮年到长平战场，以拦截诸国的援军和粮运。

至此，赵军彻底处于孤立无援、粮草断绝的地步。

公元前260年九月，赵军主力已断粮四十六天，大量士兵或饿死，或因突围不成而死亡。

穷途末路之下，赵括组织剩余的赵军分批突围，但轮番冲击四五次后仍不能成功。最终，赵括亲率精锐部队强行突围，结果失败，被秦军乱箭射死。

长平之战，以赵军惨败、秦国大获全胜结束。此一战，秦国军队前后斩杀赵国士兵及赵上党民众四十五万人，使赵国元气大伤，再无力与秦国抗衡，从而加速了秦国统一六国的进程。

综观整个长平之战，赵括之所以惨败，就在于他忽视了战场实际情况和敌我力量对比的悬殊，完全基于对战争的“想当然”理解，没有充分考虑战术执行中的变数以及秦军将领白起的用兵之道，由此造成“空谈误国”的悲剧。

由此可见，“想当然”就去做，拍脑袋就下结论，会带来多么严重的后果。它会让人们失去对事物的客观认知，无法看清事情真相，从而做出错误判断，轻者陷入被动、错失良机，重者可能伤及自身、贻害无穷。

凡事都要讲求实际。做任何事情，在没有认真了解之前，我们都不应该贸然下结论。抛弃“想当然”的思维惯性，本着严谨科学的态度和精神，从实际出发，深入了解，仔细分析，谋定再动，才是做事的正确方法。

悄悄努力，然后惊艳众人

“于是夫积薄而为厚，聚少而为多，以同言郢威王于侧纣之间。”

——《战国策·秦策四·或为六国说秦王》

做任何事情，有了一些小成绩之后，都不要到处宣扬、高调示人，当心招人嫉恨，惹来不必要的麻烦和灾祸。须知，为人处世，谦虚低调不张扬，方能走得长远。

战国时，秦王意图称霸，有人前去游说，以其他诸侯国称霸的下场来劝说秦王，打消他欲在短时间内称霸天下的念头。

此人相继讲了赵国、魏国、齐国和楚国称霸的情况。赵国曾盛极一时，但它高调张扬，以自身强大的国力威慑他国，最终引得其他诸侯国共同讨伐。

魏国曾出兵攻破邯郸，魏惠王主持诸侯会盟，自称夏王，俨然中原之主。结果，魏王的高调和跋扈引来齐国不满，遭到齐国讨伐，最终丧失土地，濒于危亡。

齐国的张扬也引发楚威王的不满，他联合诸侯共同讨伐，最终齐国只能好言求和，以保安稳。而楚威王渐渐得势，却开始好勇逞强、妄自尊大，结果一样成为众矢之的。

由此可见，无论做什么事情，过于锋芒毕露、争强好胜，都很容易招人怨恨和受到攻击，最终引来灾祸。

很多成功之人，在付出努力、积累成果的阶段，都懂得保持内敛和谦虚，不过分张扬，不引人注目。这样，才能避免很多麻烦，不受打扰地积攒实力、提升自我，最终一骑绝尘，获得成功。

古往今来，大凡走上成功之路的人，都是懂得悄悄努力的。

2015 年 10 月，中国药学家屠呦呦和另外两名科学家一起，被授予诺贝尔生理学或医学奖，她成为首位获得自然科学类诺贝尔奖的中国本土科学家。在此之前，很多人不知道我国有一位这么厉害的科学家。

出生于浙江宁波的她，高中毕业后考入北京大学，在北京大学医学院药学系学习。大学四年，她成绩优良，尤其是对植物化学、本草学和植物分类学有着极大的兴趣。

毕业后，她被分配到原卫生部中医研究院（现中国中医科学院）中药研究所工作。之后的几年，她一边钻研苦学，一边不断精进，参加了原卫生部全国第三期西医离职学习中医班，系统地学习中医药知识，还深入药材公司学习中医药的鉴别及炮制技术。

这些都为她日后研究青蒿素奠定了基础。

20 世纪 60 年代至 70 年代初，全球范围内疟疾肆虐，特别是恶性疟原虫对当时主流的抗疟药物奎宁和氯喹产生了严重的抗药性，疟疾防治形势严峻。

当时，为了响应我国政府对抗疟疾的重大需求，屠呦呦于 1969 年接受了国家“523 项目”（即疟疾防治药物研究项目）的研究任务，担任中药抗疟研究组组长。

接下来的时间，屠呦呦和她带领的团队便投身于研究工作。他们从系统收集与整理历代医籍、本草、民间方药入手，前后收集了 2 000 余方药，编写了以 640 种药物为主的《抗疟单验方集》。

之后，通过对其中的 200 多种中药开展实验研究，历经 380 多次的失败，利用现代医学方法分析研究和不断改进提取方法，最终于 1971 年成功发现青蒿抗疟。

1972 年，他们又从该有效部分中分离得到抗疟的有效单体，命名为青蒿素。1973 年，为确证青蒿素结构中的羰基，他们又合成了双氢青蒿素，为国内外开展青蒿素衍生物研究打开局面。

1986 年，“青蒿素”获得一类新药证书。1992 年，“双氢青蒿素及其片剂”获一类新药证书。2003 年，“双氢青蒿素栓剂”、青蒿素制成口服片剂获得新药证书。

青蒿素及其衍生物的问世，极大地降低了全球尤其是发展中国家疟疾患者的死亡率，被誉为近半个世纪以来疟疾治疗最重要的医学进步。

正是由于屠呦呦和她的团队坚持不懈地研究、调查，从一张张医方、一本本医籍入手进行积累，才成就了他们日后举世闻名的科学成就。

屠呦呦更是凭借几十年如一日默默无闻地钻研学习，最终站上了诺贝尔奖的领奖台。

有句话说得好，“你要悄悄努力，然后惊艳众人”。努力的时候，不要张扬，不必炫耀，更不能急于求成。只管埋头苦干、加倍用功，待到功成名就、一举登高时，众人只会仰望你。

别把居安思危当空话

"臣闻之《春秋》，于安思危，危则虑安。"

——《战国策 · 楚策四 · 虞卿谓春申君》

无论做人还是做事，我们都要懂得居安思危的道理。一切进展顺利的时候，切莫满足于现状，忽视潜在的问题和风险。毕竟，好运不会一直有，好事不能全给你。

楚考烈王晚年的时候，当时的名士虞卿对楚国相国春申君进行了一番劝谏。

他以这句话开头："于安思危，危则虑安。"意思是：在安定的时候要考虑到危险，在危险的时候要思虑如何安定。

接着他表明，楚王的年龄很大了，而春申君的封地还没有确定，这是很危险的。因为历史上，秦孝公给商鞅封商地，但秦惠文王继位后便诛杀商鞅；秦昭襄王封冉子予穰，昭襄王死后，后王一样剥夺了冉子的封地。

因此，他劝告春申君，一定要让封地远离楚国，以避免被新王夺地和诛杀。

人生不可能始终一帆风顺，要有危机意识和忧患意识。眼前一切安稳时，不要耽于享受、放松警惕，而是要居安思危、未雨绸缪，对可能到来的困难和危险提前规划。这样，一旦有突发状况，面对真正的困难，我们才能反应迅速、从容应对，从而避免或者减少损失。

历史上，懂得居安思危道理的名臣将相，大多能够功成身退；

不懂得这个道理的人，往往会招致杀身之祸。

张良，西汉开国功臣之一，与韩信、萧何并称“汉初三杰”。由于体弱多病，张良不曾单独领兵，他作为谋臣跟在刘邦身边，为刘邦出谋划策。

刘邦要攻打峣关（今陕西商洛市省商州区西北）。峣关作为南阳与关中的交通要隘，秦有重兵把守，易守难攻。对此，张良建议以钱财贿赂峣关的守将，再趁机歼灭。刘邦依言照做，一举大败秦军，率先进入关中。

鸿门宴上，面对项羽的杀局，张良一方面力劝刘邦卑辞言和，保存实力；另一方面，私下疏通项羽的季父项伯，使得刘邦顺利脱身。

汉高祖二年（公元前 205 年）春，刘邦攻打彭城时因得意忘形，指挥不当，几十万大军被项羽重挫，几乎全军覆没。

兵败危亡之际，又是张良匠心独运，为刘邦想出了一个利用矛盾联兵破楚的策略。他建议一面派人策反项羽手下大将英布，一面派人联络早有反项羽之心的彭越，同时再派韩信迂回包抄楚军。

刘邦采纳了张良的建议。由此，一个内外联合攻打项羽的军事联盟形成，扭转了楚汉战争的局势。这就是著名的“下邑之谋”。

正是凭借张良一系列的出色谋略，刘邦最终赢得了楚汉之争，建立了大汉王朝。张良也因此被册封为留侯。

按理说，此时的张良可谓要名有名、要权有权，人生得意、风光无限。然而，张良在刘邦登基后，却没有被成功冲昏头脑、贪图享乐，而是敏锐地感知到了即将到来的危险。

他深知，功臣在政权稳固后往往会遭到猜忌，从而难以善终。他不但拒绝了刘邦授予的相国之位，推荐萧何出任相国，而且毅然决然地向刘邦提出辞官，远离政治和朝堂。

在张良辞官之后，已经坐稳江山的刘邦为了巩固皇权，开始对部分功臣进行打压，削减他们的权力，后来甚至大杀功臣。

张良正因为有了居安思危的意识，早早退隐，才得以保全自身，死后被赐谥号文成。

与之相反，与其并列“汉初三杰”的名臣韩信，却落了一个身败名裂、家破人亡的下场。

同样作为西汉的开国功臣，韩信在楚汉之争中，以其杰出的军事才能横扫魏、赵、代、燕、齐诸国，并且数次救刘邦于危难之中。

蒲坂之战中，韩信以声东击西之计拿下魏国都城安邑；井陉之战中，韩信背水一战，大破赵军；潍水之战中，韩信水淹齐楚联军，斩杀楚将龙且；垓下之战中，韩信布五军阵诱敌，击破项羽大军，最终迫使项羽乌江自刎。可以说，没有韩信，就没有刘邦的大汉天下。

正所谓功高震主，韩信的强大实力和军中威望，在刘邦打天下时是其手中的一柄利剑，而当刘邦称帝后，韩信就成了他的一块心病。而在刘邦统一全国后，韩信没认清眼前的局势，屡次上奏请求刘邦封自己为王，这更加重了刘邦的疑忌。

汉高祖十一年（公元前196年），韩信被人告发参与陈豨谋反，此后不久，在吕后等人的策划下，韩信被杀死于长乐宫，他死后还被诛三族。一代名将就此陨落。

如果居高位时的韩信也选择像张良那样急流勇退，他的命运是否会不一样?

然而，历史无法重演，过去的已经过去。对今天的我们来说，以史为鉴，从而端正自己的行为、提升自己为人处世的能力，才是最重要的。

孟子说，生于忧患，死于安乐。意思是，要时刻保持居安思危的意识。唯有时刻拥有危机感，你才能对即将到来的挫折和考验有更直观的感受，从而在遭遇危机时做出正确的抉择，在人生道路上越走越远，收获别人难以企及的成就。而如果你沉迷于暂时的欢乐和安逸中，止步不前，将逐渐落后，最终被时代所淘汰。

第三章

取舍

——核心利益不容侵犯，边缘利益用来交换

“鱼与熊掌不可得兼。”世间万物皆有舍有得，为人行事亦是如此。不懂取舍，该舍的时候不舍，容易贻误时机，落入被动。懂得取舍，核心利益当前时，坚决捍卫，不容侵犯；边缘利益相关时，权衡考虑，适当交换，才能取舍有当、行稳致远。

用人——取其长，舍其短

“故物舍其所长，之其所短，尧亦有所不及矣。”

——《战国策 · 齐策三 · 孟尝君有舍人而弗悦》

古今成大事者，都懂得用人的道理。人无完人，用人行事，不必要求人人完美，只需发挥他们的优势，找到每个人擅长的领域即可。

战国时的孟尝君，以“门客三千”而闻名。门客多了，自然良莠不齐。有一次，孟尝君觉得一个门客毫无才能，是来自己这里混饭吃的，准备赶他走。

这时，鲁仲连对他说：“一个人如果舍弃他的长处，而改用他的短处，那么即使是尧舜，也有做不到的事。”

孟尝君明白了鲁仲连的意思，没有赶这个门客走。每个人都有其擅长的领域，也有其不擅长的领域，用人做事，只需发现他们擅长的地方，合理利用即可。

尤其是当面对一个看似某方面很弱的人，不要一上来就否定他，可以试着发现他的优势，找准他的定位。这样，不但能给对方充分展示的机会，也能给自己找到得力的帮手。

刘邦，起家泗水亭长，出身低微，但是他有着顶级的用人智慧。凭借识人用人的眼光，他的手下涌现出一大批能臣，最终协助他打败项羽，赢得楚汉之争，建立了大汉天下。

郦食其，秦末楚汉时期的儒生，又被称作“郦生”。他少年家贫，爱好读书，后担任陈留门吏。虽是一名小吏，但他性格桀骜不驯，县中的贤士和豪强都不敢随便役使他，县里人都称他为“狂生”。

据说刘邦刚开始起兵反秦之时，手下仅有不到一万人。一次，他带兵经过陈留县时，郦食其到军门递上名帖，请求拜见。刘邦听说来的是一个儒生，便对使者说，自己正忙于天下大事，没时间见儒生。

郦食其听闻，瞪大眼睛，手持宝剑，呵斥使者说：“去！再去告诉武安侯，老子是高阳酒徒，不是儒生！”

使者吓得不轻，转身跑了进去，再次通报刘邦。正在洗脚的刘邦一听，立刻擦干脚，请郦食其进来相见。

郦食其见到刘邦，没有倾身下拜，而是做了个长揖，然后义正词严地说：“我有心帮您筹划天下事，您却说‘没时间见儒生’，这样的话，我认为足下就失去了一个人才！”

刘邦意识到，眼前这个人虽然狂放不羁，不似其他人一样对他恭敬有加，但言谈举止颇有气势，应当是个了不起的人。

于是，刘邦赶忙向他道歉，并且诚恳地请教天下事。事实证明，刘邦果然有眼光。

很快，郦食其就用计谋帮刘邦攻下陈留，并协助刘邦招募士兵达几万人，迅速扩大了实力。

之后的战斗中，郦食其更是凭借自己的三寸不烂之舌，说服秦朝的武关守将放弃抵抗，使刘邦率先进入关中，可谓一言胜过百万兵。

正是靠着郦食其，刘邦在诸侯中纵横捭阖、应对自如，不必再一座城池、一座城池地厮杀，轻松赢得了大小势力的支持。

除了郦食其，张良和韩信也是刘邦善于用人的证明。

张良出身韩国贵族，祖上数代为相，极为擅长谋略。一开始，为了谋划复国，张良始终追随韩王成，并没有加入刘邦的阵营。直到韩王成在彭城被项羽所杀，他才归于刘邦。

刘邦慧眼识珠，通过一番交谈，他发现张良是个不可多得的辅国之才。于是，他果断重用张良。张良也不负所望，在此后的时间里，成为刘邦手下最得力的谋士。

张良运筹帷幄，决胜千里之外，辅佐刘邦驾驭各方势力，为其所用。可以说，刘邦之所以能建立大汉王朝，张良功不可没，他也因此被称为"汉初三杰"。

韩信出身平民，早年家庭贫困，曾寄人篱下，受胯下之辱。秦末农民起义爆发后，他曾投靠项梁、项羽，均不被重用，后来转投至刘邦帐下。

当时刘邦手下不乏能人大将，如樊哙、曹参等。但刘邦眼光独到，认定韩信能堪大用，于是拜其为将军。

不得不说，刘邦太会用人了。樊哙可以冲锋陷阵，斩将夺旗；曹参可以率领一军，夺取一城；但若要率领百万之师，协调多方军队，出奇谋，破强敌，则非韩信不可。事实再次证明，他用对了人。

韩信被重用后，其军事才华得到充分施展，横扫魏、赵、代、燕、齐诸国，缔造了井陉之战、潍水之战、垓下之战，留下了“暗度陈仓”“背水一战”等千古佳话，终成一代名将。

正是凭借精准的用人策略，刘邦创造了从亭长到皇帝的逆袭奇迹，建立了大汉的天下。由此可见，个人能力固然重要，而懂得识人用人，相当于给自己加上了羽翼，才能一飞冲天。

宋代司马光说：“凡人之才性，各有所能，或优于德而强于才，或长于此而短于彼。”说的正是人各有所长。

识人用人，不要浅显地看他的表面，而要看他内在的长处，这样才能发现人才的真正价值。明白了这个道理，你将会如虎添翼，在成功之路上收获重要的助力。

取利——顺境不取无道之利，逆境不舍切身之利

“智者不倍时而弃利，勇士不怯死而灭名，忠臣不先身而后君。”

——《战国策 · 齐策六 · 燕攻齐取七十余城》

在谋求利益的过程中，我们总会遇到顺境和逆境。顺利时，要坚守道德底线和原则，不被一时利益所诱惑；逆境时，对于关乎自身生存发展、切身利益的事物，不应该轻易放弃。

战国时期，各国往来征战不断。一次，燕国派大将军乐毅率领大军攻打齐国，连续夺取了七十多座城池。随后，战况逆转，齐将田单大败燕军，想要一举收复之前被燕国占领的聊城。

然而，占领聊城的燕将被人在燕王那里进了谗言，害怕被处死而不敢回国，死守聊城。

田单打了一年多，损兵折将，但聊城依旧岿然不动。此时，齐国谋臣鲁仲连想到了一个办法，给城中的燕将写了一封信，告诉燕将，现今燕国接连败退，国内大乱，上下惶恐，燕王正处在心惊胆战、孤立无援的境地。他与其死守聊城，不如率军回国，救燕国于水火之中。到那时，燕国百姓和燕王都会对他感激涕零。这样，他便有机会获得更大的功名。

燕将看到信后，立刻就明白了鲁仲连的意思，他果断放弃聊城，率军回国。

燕将固守聊城，其实违背了当时的形势，不但于他人不利，更损害了自身的利益。他选择撤兵，反而能将利益最大化。

无论何时何地，即使身处逆境，也要有清醒的判断，懂得守护自己的切身利益。当情况对自己不利，但与切身利益相关时，我们也要努力寻找机会，不断争取。

汉文帝时期，有个人叫淳于意，曾任太仓令，是当时有名的医学家，医术高超，远近闻名。淳于意辞官行医之后，一直在民间医治救助百姓，很多王公大臣召他做宫廷医生，他都婉言谢绝，因此得罪了一大批人。

一次，几个富豪权贵瞅准机会，罗织了一些罪名，使淳于意获罪入狱，最终被判肉刑，要送往京城接受刑罚。

肉刑是针对身体进行的残酷刑罚，一旦执行，对人的生活影响巨大，可以说余生尽毁。淳于意一直行善治人，显然罪不至此，但他一介布衣，无权无势，根本没有机会为自己开脱，只能被押往京城受刑。

然而，他的女儿淳于缇萦却不甘如此。淳于意有五个女儿，淳于缇萦是他最小的女儿。即便身处弱势地位，淳于缇萦也没有失去理智、一蹶不振，反而于逆境中寻找机会，想办法拯救父亲。

在父亲被押解往京城去的时候，她选择跟随前往，寻找时机相救。考虑到官官相护，没办法求助官府，她毅然决然地直接上书给汉文帝。

淳于缇萦在上书中说:“我父亲曾是朝廷的官吏，人民都称赞他奉公廉洁，如今被判刑，要知道人死不能复生，受刑残废也无法复原，就算他日后有心改过，也不能如愿。我情愿自己去官府做奴婢，只求替父亲赎罪，使他有改过自新的机会。”其言辞恳切，句句真情，令人动容。

汉文帝看到上书后，被她的孝心所感动，也意识到肉刑的不合理之处，于是不但免除了淳于意的肉刑，赦免了他，还下令废除了肉刑。

可以看到，淳于缇萦虽然是一个弱女子，身处极端弱势的地位，面对父亲遭受的不公正刑罚，她也没有选择沉默和无奈接受，而是勇敢地采取行动，通过上书的方式为父亲争取最大的利益——不仅使父亲免受肉刑之苦，还推动了法律的变革。

从这里也可以看到，即便是身处弱势，也要积极行动，采取措施，尽最大可能地为自己争取利益，而不是坐以待毙，任人宰割。

毕竟，天下熙熙，皆为利来；天下攘攘，皆为利往。只要找准利益关联，就能在复杂的局势中，找到对自己有利的那一面。

当然，逐利也要分情况。逆境不能忘记切身利益，同样，顺境时也不能谋取无道之利益。

海瑞是明朝著名的清官，其以刚正不阿、廉洁奉公闻名于世。海瑞在任时，历任地方官直至南京右佥都御史等重要职位，尽管身居高位，但他始终保持艰苦朴素的生活作风，对贪腐行为深恶痛绝。

海瑞在浙江淳安做县令时，不仅生活简朴，而且严格律己律人，坚决抵制当时盛行的官场陋习。他曾经因为节省公费开支，以至于俸禄不足以养家糊口，亲自耕种以补充家用。他的母亲过寿，他买了二斤肉来庆祝，竟成了轰动一时的新闻，足见其清廉程度。

在他调任南直隶巡抚期间，针对当地豪强兼并土地、欺压百姓的现象，他大力推行改革，打击豪强，平反冤狱，尽力维护小民利益，即便面对上级的压力甚至面临罢黜的风险，也不改初衷。

海瑞去世时，家中除了朝廷发给他的微薄薪水外几乎没有任何多余的财富，这种廉洁精神深深地影响了后世。因此，海瑞被载入《明史》，人称“海青天”，他的生平事迹也成为明清两代官吏学习的典范。

海瑞置身官场，本有大把机会为自己谋财谋利，但他却恪守底线，从不获取无道之利，彰显了卓越的道德品质，也给我们留下了宝贵的精神遗产。常言道，“君子有所为有所不为”。无论是顺境还是逆境，我们都要保持清醒、理智的头脑。顺境时，不应忘记做人的底线和重要原则；逆境时，对于关乎自身的利益，不能轻易舍弃。这样，才能最大限度地保障自己的利益。

造势——舍有数之财，取无用之用

“死马且买之五百金，况生马乎？天下必以王为能市马，马今至矣。”

——《战国策·燕策一·燕昭王收破燕后即位》

谋事在人，成事在天。很多时候，不是你的实力不够，而是你不会造势。真正厉害的人，大多会造势。他们通过创造有利于自身的局面，从而掌握主动，获得先机。

燕昭王继位后，想要招纳贤士，然而却没有多少贤士来投奔他。于是，他去请教一个叫郭隗的人。

郭隗给燕昭王讲了“千金买马”的故事。有位国君想要用千金买一匹千里马，可一直买不到。这时宫中有个近侍，自告奋勇前去买马。

三个月后，近侍返回宫中，带回的却是一匹马的骨头。国君大怒，正要惩罚近侍，近侍却说了一句话：“死马且买之五百金，况生马乎？”意思是，买死马尚且用了五百金，更何况活马呢？

这下国君明白了。死马值五百金的消息一旦传出，天下人都会以为他愿意高价买马，很快就会有人送来千里马。

故事讲完，燕王也明白了郭隗的意思。要想让贤士来投奔，他必须营造出求贤若渴之“势”。于是，他拜郭隗为师，还给了他优厚的俸禄，并让他修筑“黄金台”，以招纳天下贤士。消息一出，大批有志之士果然前来投奔燕国。

千金买骨，看似是赔本的生意，但它所传达的，却是国君宁愿花重金也要买马的信息。这个信息形成一股极强的“势”，从而吸引大批人才的到来。

“势”是一种极大的能量。《孙子兵法》说：“激水之疾，至于漂石者，势也。”意思是，湍急的流水，能冲走巨石，这就是势的力量。

在双方实力相当的情况下，善于造势者，往往能借助势的力量，给自己带来更大的助力，从而战胜对手，获得成功。

汉高祖四年（公元前 203 年），刘邦联合其他诸侯军共同进攻楚军，与项羽在垓下展开决战。

当时，汉军由韩信统领，共计三十万，分为五部分：孔将军为左翼，费将军为右翼，刘邦坐镇后方，周勃、柴武等预备军在后方待命。楚军则由项羽统领，共计约十万。

战斗开始，韩信率前中军与项羽交锋，战况不利，向后退却。之后，孔、费两军从左右两边纵兵攻上，楚军不利，此时韩信再乘势攻上去，大败楚军于垓下。

此时楚军虽败，但仍有数万人马，而且项羽勇猛过人，刘邦想要一举歼灭楚军并不容易。

关键时刻，韩信给刘邦出了一个计策。他命令汉军士兵在夜晚高唱楚地的民歌，造成一种楚军已经被汉军全面渗透、楚地将士纷纷归降刘邦的假象。

当天深夜，项羽和楚军残余部队听到四面八方传来了熟悉的楚歌。这令他们十分震惊，误以为楚地已经全部落入刘邦之手，一时军心大乱。

项羽眼见大势已去，在营帐中与爱妾虞姬饮酒告别之后，率领八百精锐骑兵连夜突围南逃。汉军天亮之后发现项羽突围而出，便派遣五千骑兵追击。

奔逃而出的项羽，一路与追兵鏖战，渡过淮水后，仅剩百余骑相随。到阴陵（今安徽省定远县西北）时，项羽被田父欺骗，又被汉军追上，突围至东城（今安徽省定远县东南）时，手下仅剩二十八骑。

然而，项羽指挥这二十八骑来回冲阵，再次杀开一条血路，向南疾走，到达乌江（今安徽省和县东北的乌江浦）。

此时项羽虽败，还可以渡江而逃。但他想到四面楚歌的情景，想到自封西楚霸王而今溃败至此的惨境，自觉无颜见江东父老，于是命令从骑都下马，以短兵器与汉兵搏杀。最终，项羽一人力战被十余创，自刎而死，年仅31岁。

项羽死后，八万楚军被汉军全歼，楚地皆降汉。至此，历时四年之久的楚汉战争以刘邦的胜利而告终。

在这个故事中，韩信无疑是懂得造势的高手。他在两军对阵的关键时刻，利用了楚军的心理，营造出一种“楚地尽归汉”的大势，从而大大削弱了楚军的士气，也击垮了项羽的斗志，导致项羽最终兵败自杀。

正所谓“好风凭借力，送我上青云”。个人的力量毕竟是有限的，而学会造势，便犹如疾水冲石、疾风展翅，获得超越自身的强大助力，由此成就不凡。

因此，在与对手过招之时，即便身处弱势，也不必太过气馁，更不要轻言放弃。不妨换个角度，想想如何造势。乘着“势”的东风，你才能飞得更高。

诚信——信用的成本值得支付

“吾与虞人期猎，虽乐，岂可不一会期哉！”

——《战国策·魏策一·文侯与虞人期猎》

诚实守信是人人都应具备的素质，是人与人交往最基本的准则。而有的人却因各种各样的原因，做不到诚实，习惯性说谎。因为自己的原因而爽约，更是司空见惯。然而，生命不可能从谎言中开出灿烂的鲜花。

战国时期，魏国国君魏文侯与管理猎场的小官虞人约好去打猎。当天，魏文侯先是宴请大臣，在宫中饮酒。酒席气氛热烈，人人都很开心。

就在魏文侯要出去赴约的时候，天公不作美，下起了大雨。魏文侯却如没发现下雨一样，就要出宫。大臣们纷纷劝阻说：“大王，宴会如此开心，外面又在下大雨，您为什么要出去呢？为什么不把宴会继续下去呢？”

魏文侯回头告诉大臣说：“我跟虞人约好，今天要去打猎。我现在很快乐，外面也下着大雨，但这都不代表我可以不遵守约定。”于是，魏文侯亲自前往猎场，告诉虞人今天下大雨，就不打猎了。

魏国就是自魏文侯手中开始崛起，翟璜、吴起、西门豹、李悝、乐羊等人都愿意为他效力。究其原因，无非是魏文侯有着极好的人品与名声，为他做事不必担心他翻脸不认人，完全不管之前许下的承诺。

魏文侯的儿子魏武侯同样有雄才大略，在指挥军队上甚至隐隐有超越父亲的才能。但是，他脾气暴躁，喜欢听信谗言，又有背信弃义的举动。这导致魏国虽然貌似强盛，但根基已经腐坏，两代之后就开始走下坡路了。

无论在哪个时代，诚实守信都是可贵的品质。拥有这样的品质，或许会有很多风险，但同样能获得他人的好感与信任。这些好感与信任，甚至会在你意想不到的地方为你带来好处，给予你极大的帮助。

楚汉相争时期，项羽麾下有一名大将名叫季布。他作战勇猛，武艺高强，给后来的汉高祖刘邦带来了无数的麻烦。当刘邦获得胜利后，就发下通缉令，重金悬赏季布。

季布除了英勇善战外，最大的优点就是诚实守信。只要他答应了别人的事情，就会竭尽全力，必不会轻易爽约，让对方失望。因此，民间流传着一种说法，即便有黄金百两，也不如得到季布的一个承诺。这就是成语“一诺千金”的由来。

季布被通缉后，知道季布下落的人不仅没有人举报他换取赏金，反而都在为季布遮掩行踪。季布一路化妆逃跑，来到山东地界，投靠到一户朱姓人家。朱家人明知道他就是季布，依旧没有戳破他，反而将他收留下来。之后，朱家更是托关系找与刘邦交好的汝阴侯夏侯婴为季布说情。

夏侯婴也知道季布诚实守信的名声，对他很是钦佩，于是找到刘邦说：“两军交战，各显其能，季布多次为您制造麻烦，是因为他在项羽麾下做事，尽职责罢了。陛下如果因为过去的事情记恨季布，旁人难免会说您器量不大。何况，重金悬赏，处处仇视，只会将季布逼到其他地方去，要是将来发生叛乱，岂不是更糟糕？不如将季布召进宫来，任用他做个官员？”

刘邦听了很有道理，马上撤销了对季布的通缉。季布听闻刘邦召见，就去了皇宫。刘邦给了季布很多赏赐，还任命他为郎中。

刘邦的大度让季布感恩戴德，不惜余力地帮助刘邦。刘邦死后，季布仍然利用自己的智慧与名誉帮助大汉帝国。

汉惠帝时期，匈奴人写信侮辱太后吕雉。吕后非常恼怒，就召来群臣商量此事。樊哙对吕后说：“只需给我十万兵马，我就可横扫匈奴。”樊哙武艺高强，能征善战，众人纷纷应和。

就在吕后即将下令的时候，季布站出来说：“樊哙撒谎，当年高祖皇帝带领四十万大军尚且被匈奴围困在白登山，樊哙还能强过高祖皇帝吗？秦朝正是因为对匈奴用兵，逼迫百姓，才引发了陈胜吴广起义，难道各位都忘记了吗？樊哙的阿谀奉承，只会让天下再次陷入动荡。”

由于季布诚实守信的名声和他所说的前车之鉴，群臣打消了支持樊哙的念头，让一场局势不利的战争消弭于无形。

大家在夸赞一个人的时候，会说这个人的话可以当金子用，就是这个道理。大多数时候，人与人之间总会有所隔阂，合作时难免保守，不见兔子不撒鹰。只有信誉极佳的人，才能做到让人忽略风险，在看不见任何回报的情况下就伸出援手，助他一臂之力。诚实守信会给人带来意想不到的好处，它是一个人安身立命之本。

恩惠——他人有恩不忘，有恩于人不计

“人之有德于我也，不可忘也；吾有德于人也，不可不忘也。”

——《战国策 · 魏策四 · 信陵君杀晋鄙》

人活于世，总免不了有落魄困难、受人恩惠的时候。面对别人的帮助，你要铭记在心，及时报答；自己对别人的帮助，则无须牢记，更不要苛求回报。

公元前 229 年，秦军攻打赵国，围困了赵国都城邯郸，赵王向魏王求救。魏王派大将晋鄙前去驰援，但晋鄙害怕秦军，只是屯兵边境，逡巡不前。

魏信陵君得知后，在魏王宠妃如姬的帮助下，盗兵符，杀晋鄙，击退秦军，解救了赵国。赵王深表感激，亲自到郊外迎接信陵君。

此时，老臣唐雎对信陵君说：“别人有恩德于我，是不可以忘记的；我有恩德于别人，是不可以不忘记的。”他告诫信陵君，不可因有恩于赵而居功自傲，反而应该忘掉恩惠，谦虚慎言。

信陵君采纳了唐雎的建议，见到赵王后依旧谦虚恭敬，受到了各国百姓广泛的赞誉和敬重。

帮助别人、对他人施以恩惠时，如果你时刻牢记，天天念叨，不但会给别人造成压力，还会显得你既计较又没有气度，久而久之，感激也会变成憎恨。

反过来，如果你忘掉这件事，不提或者少提，不但能给别人留足面子，你也会留下谦逊、宽容的美德，赢得更多赞誉。事实上，当你不在意自己对别人的恩惠时，反而会获得更多的敬重和回报。

清朝时期的红顶商人胡雪岩，幼时家贫，他从底层做起，凭借聪明才智和勤奋努力，逐渐崭露头角。28 岁那年，在一家钱庄打工的胡雪岩，遇到了一个落魄的候补官员王有龄。

王有龄虽然出身官宦家庭，但当时并未获得实际职务，穷困潦倒，急需一笔钱财赴北京捐官以谋求仕途发展。

胡雪岩认定王有龄将来大有可为，于是决定帮助他。他从所在的钱庄里拿出五百两银子送给王有龄，助他进京。

对当时已穷途末路的王有龄来说，这五百两银子真可谓雪中送炭。他万分感激胡雪岩，明白自己遇上了贵人，于是赶紧问贵人的名字。

胡雪岩只告诉王有龄自己叫胡雪岩，其他一概不提。王有龄问起他家庭方面的问题，胡雪岩也只说了一句“凭一点薄产度日，没什么说头”，便岔开话题，不肯多说。

王有龄准备动身赴京了。胡雪岩听说后，便与他约定后天再见，为他饯行。

然而，约定的日子到来时，王有龄却迟迟等不到胡雪岩。他除了知道胡雪岩这个名字外，连他家住在哪里都不知道。直到夜深客散，茶馆收摊时，王有龄才不得不离开。在奔赴京城的路上，他一直非常遗憾，自己走之前没能再见恩人一面。

不得不说，胡雪岩的做法令人钦佩，非常人所能为。如果是常人，送出五百两银子之后，势必要讨得一点回报，至少也要说一句“等你有朝一日发达了，不要将我忘记”。然而，胡雪岩根本没说这句话，他甚至连家在哪里都没有告诉王有龄。其潜在意思就是：我并不要求你的回报。

王有龄进京之后，胡雪岩因为私自挪用钱庄银钱被赶出钱庄，一家老小生活没了着落，甚至穷困潦倒。即便是在这种情况下，胡雪岩也没想过要找王有龄寻求帮助。

正是胡雪岩这种“有恩不图报”的做法，赢得了王有龄的敬重和钦佩，也为他带来了日后王有龄的大力扶持。

王有龄进京后，通过一番运作，最终得到官职，并在到任浙江后迅速晋升，逐步掌握实权。发迹后的王有龄，始终没有忘记胡雪岩的知遇之恩和倾力相助。

他不断派人寻找胡雪岩，想要报答其恩情，但却无处寻觅。在当时信息不发达的年代，仅凭一个名字去找人，谈何容易。

王有龄几次寻觅，都无果而终。但越是寻不着，他的报恩之心也就越深切。对他来说，胡雪岩的帮忙已经令他感激，胡雪岩帮了他却不留信息、不图回报的做法，更从内心深处打动了他。

终于，在多方寻觅之下，王有龄找到了胡雪岩。为了报答他的恩情，王有龄开始大力扶持其事业。

胡雪岩凭借着王有龄的关系网和官商结合的优势，开始逐步涉足商业领域，开设钱庄，经营丝茶贸易，甚至参与筹措军饷，一步步建立起自己的商业帝国，最终成为晚清著名的红顶商人。

可以说，胡雪岩的成功与王有龄密不可分。王有龄愿意帮助胡雪岩，也正是因为胡雪岩“吾有德于人也，不可不忘也”的作风。

试想，如果一开始帮助王有龄时胡雪岩就要求回报，或者在王有龄当官之后胡雪岩就天天登门炫耀自己对他的帮助，王有龄恐怕会觉得心里反感，认定胡雪岩是个贪名逐利之徒，逐渐远离他。

他人有恩不忘，于人有恩不计。人在社会中想要走得长远，离不开美好的名声和德行。得到别人的帮助而懂得回报，彰显的是知恩图报的品行，也是做人的基本准则。

帮助了别人，却不铭记于心，不计较对方是否回报，彰显的是无私奉献的品行，堪为德行典范。

更何况，帮助对方而不求回报，对方知道后，会更加感恩于你。一般人帮助了别人，求的都是报答，而当你伸出援手却不求回报，对方会深深被你感动，从内心深处把你当作恩人和朋友。

毕竟，人是有私心的，能够无私不求回报地帮助别人，这本身就是令人钦佩的美德。能给人留下这样印象的人，也一定会赢得更多的赞誉和成就。

中卷

破局定天下

第四章

权变

——化危为机，扭转乾坤

“圣人者应时权变。”世间没有不变的事物，亦无不变之人。懂得变化之道，方能在不同的环境和条件下，灵活应对，机动处理，化危为机，扭转乾坤，从而占据优势。否则，守着一成不变的章法行事，迟早要遭到淘汰。

打破常规，因事制宜

“故循法之功，不足以高世；法古之学，不足以制今。”

——《战国策·赵策二·苏秦从燕之赵始合从》

凡事都要讲究变通，懂得与时俱进、因事制宜。一味地墨守成规，沿袭旧的模式和方法，只会故步自封，久而久之，必遭淘汰。在战国这个大乱世之中尤是如此，小国在大国争霸的夹缝间挣扎生存，如果在这种环境中不懂变通，随时都有灭国之危。

在变通方面，宋国就做出了很好的表率。当初魏国要攻打赵国，魏国向宋国征调士兵。

宋国是夹在魏赵之间的小国，旁边这两位大哥他一个都惹不起，帮了魏国势必得罪赵国；而不帮赵国，又立刻会被魏国攻打。

面对这种两难之局，其他国家大多会选择先应付燃眉之急，至于以后便听天由命。宋国国君则打破了常规，他竟然向赵王写信，先是表明了自己对赵国没有任何敌意，但又害怕不帮魏国会引火烧身。于是他请求赵王，让自己派兵围住赵国边塞一座城池装装样子，但自己不会真的攻打。如此既不会危害赵国，又能应付魏国的命令，赵国答应了。

于是在宋国国君打破常规的思维操作下，必死之局变成了三全其美：赵国松了一口气，因为在之后的战争中，少了一个需要应对的敌人；魏国也很满意，因为宋国的确听从了他的命令；宋国自然不必多说，不光消弭了祸患，还同时收获了魏赵两国的好感。

万事万物都处于时时刻刻的变化中。一味因循守旧、墨守成规，迟早会被历史淘汰。只有随时势而动，因事制宜，才能在危局中游刃有余。

汉代桓宽在《盐铁论》中写道："孔子曰：'麻冕，礼也，今也纯，俭，吾从众。'故圣人上贤不离古，顺俗而不偏宜。"意思是：孔子讲过，用麻布制作帽子符合礼的规定，现在大家改用丝来制作，这样更为节俭，我赞成大家的做法。

由此，桓宽表达了这样的观点：智者因时而变，知者随事而制。无论是圣贤还是聪慧的人，都会因时制宜、随机应变，根据时代变化调整应对策略，随着世事变化制定新的规则。

228 年，诸葛亮发起对曹魏的第一次北伐，意图占据陇右地区，打开通向中原的战略道路。

在此背景下，街亭（今甘肃省秦安县东北）的战略位置变得至关重要，因为它位于陇山西侧，控制着从陇右进入关中平原的咽喉要地。

诸葛亮深知此地的重要性，斟酌再三，最终选用马谡去防守街亭。马谡才气过人，喜好议论军事谋略，诸葛亮十分器重他。

临行时，诸葛亮再三嘱咐马谡："街亭虽小，关系重大。如果失掉街亭，我军必败。"他还指示马谡，让他"靠山近水安营扎寨，谨慎小心"。

然而，马谡到达街亭后，却未按照诸葛亮的指令依山傍水部署兵力，反而自作主张将大军部署在远离水源的街亭山上。

副将王平见状，对马谡说："街亭一无水源，二无粮道，若魏军围困街亭，切断水源，断绝粮道，我军不战自溃。请主将遵令履法，依山傍水，巧布精兵。”

马谡非但不听劝阻，反而对王平说：“我通晓兵法，世人皆知，连丞相有时也得请教于我，而你王平手不能书，知何兵法？”

接着，他又洋洋自得地说：“居高临下，势如破竹，置之死地而后生，这是兵家常识。我现将大军布于山上，使之绝无反顾，这正是制胜之秘诀。”

王平深感不妥，再次谏阻说：“如此布兵很危险。”马谡却火冒三丈，怒道：“丞相委任我为主将，部队指挥我负全责。如若兵败，我甘愿革职斩首，绝不怨怒于你。”

之后，尽管王平再三劝诫，马谡依然固执己见，将大军布于山上。

不久，魏军得知马谡已占领街亭，立刻派名将张郃前去攻占。张郃骁勇善战，曾多次与蜀军交锋。

他侦察到马谡舍水上山，心中大喜，立即派兵切断蜀军的水源，掐断其粮道，将马谡部队团团围困于山上。之后，他又命人纵火烧山。

此时山上的蜀军既无粮草，又缺饮水，军心涣散，不战自乱。张郃乘势进攻，蜀军大败，街亭失守。

原本马谡计划与其他蜀军将领魏延、高翔等形成夹击之势的战略，由于街亭主阵地失守，整个计划也无法有效执行。

最终，诸葛亮精心策划的北伐攻势遭受重挫，不得不提前撤军，第一次北伐宣告失败。事后，诸葛亮痛感用人不当，为严明军纪，挥泪斩杀马谡。

可以看到，马谡之所以失守街亭，就在于他刚愎自用又墨守成规。他将大军部署在山上，无非是遵从传统兵法所说的“居高临下，势如破竹”，想要占据有利地形阻击敌军。

然而，他却丝毫不懂得因地制宜的道理。陈兵山上固然有利，但水源和粮草供应却是关键所在。不考虑实际情况，只根据旧的兵法常识部署军队，如此因循守旧，不知变通，难怪他最终失败被斩，可笑又可悲！

主动求变者进，因循守旧者衰。历史从来不会眷顾因循守旧者，更不会等待故步自封者，而是将更多的机会留给敢于、善于应变和创新的人。

那些懂得与时俱进、因事制宜的人，会在不断变化的境遇中审时度势，率先打破常规，敢于突破，摆脱旧习，从而更快地适应新环境，抢占先机，赢得胜利。反之，如果拘泥于陈规旧制，终将以失败告终。

没到最后时刻，就别妄言胜败

“圣人之制事也，转祸而为福，因败而为功。”

——《战国策 · 燕策一 · 燕文公时》

人生坎坷与顺遂相伴。身处困境或遭遇失败时，我们不必过分悲观绝望，更不要过早认输。须知，福祸相生。在一定条件下，坏事可以转化成好事，失败也能转化为成功。

燕文公时期，秦惠王把女儿嫁给了燕国太子。燕文公去世后，易王继位。齐宣王趁燕国大丧之际进攻燕国，连夺了十座城邑。

关键时刻，苏秦前去游说齐宣王。他指出，燕国虽弱，却是秦国的翁婿之邦。齐王现在攻打燕国，就相当于和秦国结下了深仇。不久，秦国定然会出兵攻打齐国。

齐宣王一听十分害怕，赶忙问该怎么办。

苏秦告诉齐宣王，应当归还燕国的城池，并向秦国道歉，这样既避免与秦国为敌，也和秦、燕两国建立了友谊，方能化险为夷、转祸为福。

正所谓“塞翁失马，焉知非福”。很多时候，坏事不意味着真的坏，换个角度，从另一个层面入手，反而能获得对自己有利的情况。

当坏的情况发生时，切莫惊慌失措、灰心丧气，或者因此一蹶不振、悲观绝望。与其过早认输，不如转换思路和角度，在逆境和困境中发现并创造机会，将危机化为转机，把失败转化为成功。

公元前 7 世纪，齐襄公死后，他的儿子公子小白（即后来的齐桓公）与公子纠展开了争夺王位的斗争。

当时两人都逃亡在外，听到国君死去的消息后，都想赶快回国，以抢占先机夺取国君宝座。

这时候，辅佐公子纠的是当时有名的谋士管仲。他听说公子小白已先行出发回国，唯恐被抢了先机，决定半路伏击截杀公子小白。

于是，他亲率三十乘兵车，到莒国通往齐国的路上去截击公子小白。当他们的人马过即墨三十余里时，正好遇见公子小白的大队车马。

管仲看准时机，等公子小白的车马走近时，对准公子小白一箭射去。公子小白应声倒下。管仲走近车马，看到公子小白躺倒，口中有血，以为他被射死，于是率领人马回去。

其实，公子小白并没有死。那一箭射到了他的铜制衣带钩上。他急中生智，咬破舌尖装死倒下，才躲过一劫。

此事过后，公子小白深感局势严峻，飞速地向齐国挺进，最终率先进城，顺利登上君位，也就是后来赫赫有名的齐桓公。

管仲回到公子纠身边，告知了公子小白的死讯后，公子纠自觉再无人与他争抢国君之位，于是也不着急赶路，而是慢悠悠地行走，六天后才到齐国。而此时公子小白已经继位。

公子纠和管仲只得逃亡鲁国。但很快，齐军攻入鲁国。齐桓公为绝后患，遣书给鲁庄公，叫鲁国杀掉公子纠，交出管仲。

此时的管仲，可谓大难临头，属实到了绝境。然而，局势却峰回路转。

管仲的好友鲍叔牙是齐国大夫，在齐桓公身边做事，一直赞赏管仲的才学。就在管仲身陷囹圄之时，他极力向齐桓公推荐管仲，称其有治国之才，请求加以重用。

按理说，管仲曾试图杀死齐桓公，是齐桓公不共戴天的仇人。齐桓公不愧为一代明君，他不计前嫌，决定采纳鲍叔牙的建议，会见管仲。

结果，齐桓公与管仲相见后，一连聊了三天三夜，句句投机，相见恨晚。很快，齐桓公斋戒三日，拜管仲为相，称其为“仲父”。

管仲在起死回生、因祸得福之后，也迎来了真正施展抱负的机会，将自己设想的改革主张付诸现实。

他主张富国强兵，增强了齐国军队的战斗力。他还举贤任能，制定了选拔人才的制度，并为齐国引进了大批人才，维护了社会稳定。

在管仲的辅佐与帮助之下，齐桓公最终成为“春秋五霸”之首。

可以看到，管仲从一个险些被杀的阶下囚到成为一代名臣，生动地诠释了转祸为福、因败而功的道理。齐桓公也将原本的仇敌变成得力的助手，实现了国家富强。

人生福祸相依。一时的成败得失并不能决定终局。此刻的落败，也许正酝酿着未来的成功；此时的困境，也许会带来全新的机遇。不到最后时刻，别妄言胜败，因为一切皆有可能。

“多变”为常胜之道

“故其言一也，言者异，则人心变矣。”

——《战国策 · 赵策三 · 秦攻赵于长平》

世上没有不变之人，亦没有不变之事。面对瞬息万变的局势，若想保持优势，立于不败之地，我们就要明白“变”的道理，懂得灵活应对、随机应变。

秦昭襄王四十七年（公元前 260 年），秦国率军在赵国长平同赵国军队发生激战，史称长平之战。

战斗以秦军大败赵军结束。战后，秦向赵提出议和，并索要六座城邑。赵王犹豫不决，便去请教楼缓。

这个楼缓的来头可不小。他曾在赵武灵王手下为臣，后来到秦国，被秦王任命为丞相，虽被免去国相，但也一直待在秦国。

这一次，楼缓恰好在长平之战后回到赵国，时机确实有些微妙。由于楼缓曾是赵臣，又刚从秦国返回，赵孝成王便想从他那里探听一些消息。

楼缓自觉身份不便，不愿回应，但赵王执意让他给个建议。楼缓于是讲了“公父文伯母亲”的故事。

公父文伯在鲁国做官，病死后，有十六个妇人为他自杀。他的母亲听说后，一点也不为他哭泣。

随嫁的妇人问她原因，母亲回答说：“孔子被鲁国驱逐，我儿子不去跟随，如今他死了，却有这么多妇人为他而死。这说明，他对长者情薄，而对妇人情厚！”

故事讲完，楼缓对赵王说，这位母亲能说出这些话，证明她本性贤良。然而，如果这些话是从其他妇人嘴里说出的，那么人们一定会认为此人心怀嫉妒。即便说的是同样的话，由于说话的人不同，人们的看法也会随之改变。于是，赵王不再追问。

同一件事，不同的人来看，会得出不同的看法；同一句话，不同的人来说，也会给听者带来不同的感受，产生不同的理解。原因就在于，每个人的身份、表达方式、立场、感情色彩等都有所不同，对事情的认知和理解也不尽相同。

明白这个道理，我们才能在人际交往中游刃有余。反过来，如果不懂得这个“变”的道理，就会在人际交往中授人以柄，从而给自己带来不好的影响。

《韩非子·说难》中有个“智子疑邻”的故事。故事中说宋国有个富人，某天下大雨，家里的院墙被雨水冲坏了。他的儿子对他说：“父亲，赶紧把院墙修一下吧，如果不赶紧修好它，一定会有盗贼进来偷东西。”

邻居的一个老人看到他家墙坏了，也对他说：“您赶快修一下吧，不然该有盗贼进来了。”

结果，他还没来得及修墙，当天晚上家里就进了贼，丢失了大量财物。

这个人面对财物丢失，想到儿子说的话，一个劲儿地夸奖儿子聪明。然而，对那个跟儿子说了同样话的邻居老人，他却产生怀疑，觉得是老人偷盗了财物。

在这个故事中，明明说的话都是一样的，为什么儿子受到赞赏，邻居却遭受怀疑呢？根本原因在于，儿子和邻居的身份不一样。

儿子是亲人，是自己财产的继承者，跟自己站在同一立场，怎么可能会偷盗自家财物呢？邻居老人就不一样了。作为外人，他跟自己无亲无故，怎么会那么好心提醒自己呢，说不定就是居心叵测……

你看，这就是身份不同、所处立场不一样，同样的话带来了完全不同的结果。

大千世界，变化无常。《孙子兵法》中有句话——兵无常势，水无常形，说的正是变化的道理。用兵作战没有一成不变的，就像水流没有固定的形态，总会随着地形地貌而时刻变化，为人处世也是如此。

生活中，我们会遇到各式各样的人，碰到各种各样的事。如果不知变通、僵化死板、固执己见，就会像封闭的水流一样，无法循环，失去生机，最终落入死局。“多变”则会让我们在瞬息万变的局势中掌握主动，占据优势。

当然，我们所说的“多变”，并非无原则地频繁改变或盲目跟随，而是根据具体情况，适时调整策略、方法和行为，以适应不断变化的环境和挑战。这样，我们才能在面对不同的人和事时，做到游刃有余，保持常胜。

交情随事而变，人情随时而变

“以财交者，财尽而交绝；以色交者，华落而爱渝。”

——《战国策 · 楚策一 · 江乙说于安陵君》

没有永远的朋友，也没有永远的敌人。与人相交，一定要带着辩证的眼光去看待。再好的交情，也可能有反目的那一天；再深的人情，也可能有断绝的那一刻。

安陵君是楚国贵族出身，有文化，有修养，俊美潇洒，性格沉稳，十分精于世道，因此深受楚宣王宠信，颇为得势。他也因此扬扬得意。

一个叫江乙的谋士见他如此，深感不妥，便向他劝谏说：“用金钱与别人结交，当金钱用完了，交情也就断绝了；用美色与别人交往，当美色衰退了，爱情也就改变了。”

江乙的话让安陵君意识到，眼前的富贵只是表面，靠表面的物质利益维系的关系并不深远，他必须未雨绸缪，早做打算。

我们在与人结交时应当谨记：钱财美色只是表面，只能维系一时。人与人的关系是多变的，不存在永恒不变的情况。

再好的交情，经历过几次利益冲突的事件后，也会有所改变；再深的人情，随着时间的流逝或距离的远隔，也会逐渐变淡。今天的朋友，明天可能就变成了敌人；此刻的意气相投，下一刻可能就反目成仇。

明白这个变化的道理，我们才能掌握与人结交的核心秘诀，无论面对什么样的关系，都能处理得得心应手。历史上，有很多原本关系很好的朋友，经历了不同的事情后，关系随之改变，最终反目成仇，令人唏嘘。

秦末时期，张耳和陈馀是一对关系很好的朋友。他们都是魏国人，出身贫寒，但都有出众的才能和志向。

张耳曾是魏国公子魏无忌（信陵君）的门客，因智慧和胆识而闻名，刘邦早年还跟随过他。陈馀性格高傲，仰慕儒家学问，周游各地求学，同样是个有见识和抱负的人。

两人同为魏之名士，相识于青年时期。陈馀钦佩张耳的才智和人格魅力，将张耳视为兄长般敬重；张耳也视陈馀为知己。两人遂结为刎颈之交。

秦始皇灭魏统一六国后，两人被列入通缉名单。他们一同逃亡到陈地，患难与共，并在秦末农民起义爆发时，加入陈胜、吴广领导的起义军。

之后，两人跟随武臣占据赵地，共同拥护武臣为赵王。张耳自任丞相，陈馀出任大将军。

直到此时，两人还是并肩作战、荣辱与共的好兄弟。然而，接下来的事件，却让他们的交情出现危机。

秦二世三年（公元前 208 年）十月，秦朝大将章邯率军进攻河北，攻占邯郸，直逼张耳所在的信都（今河北省邢台市）。

此时张耳手下仅有数万人。他自知兵力不足，信都难守，于是带着赵王往东逃走，结果又被秦兵追上，围困在巨鹿城。

巨鹿城中兵少粮尽，秦军又昼夜攻打，情况万分紧急。此时的陈馀，正拥兵数万驻扎在巨鹿城北。张耳眼见危机当头，便派遣张黡、陈泽前去向陈馀求援。

然而，面对秦军大队人马，陈馀自知寡不敌众，难有胜算，便心生畏惧。他推说如果同秦军作战，便“如以肉委饿虎”“徒尽亡军”，最后只勉强派出五千援兵，令张黡、陈泽带回解救巨鹿，结果全军覆没。

幸运的是，项羽此时率领军队北渡漳河，连续破敌，于十二月解救了巨鹿之围，张耳这才得以获救。

战后，张耳约见陈馀，指责他不肯及时救援，又追问他张黡、陈泽二位将军的下落。陈馀被多次追问之下，气急而大怒地说：“没料到您对我的怨恨如此之深！难道您以为我舍不得放弃这将军的职位吗？”随后解下印信，推给张耳。

张耳未曾想到陈馀有如此反应，一时惊愕不知所措，并未接受。此时，陈馀起身入厕。幕僚对张耳说：“此乃天赐予你，若不取，反受其害。”张耳于是佩戴了陈馀的大印，接收了他的部下。

张耳与陈馀的交情开始产生裂痕。

公元前206年二月，项羽分封诸侯。张耳因交游广泛，很多人替他说好话，于是项羽就把赵国的土地封给他，并封他做常山王，定都于信都。

与张耳有同样功劳的陈馀，却因未跟随项羽入关，项羽只封了他南皮周围的三个县，是为南皮侯。

陈馀听说后，更加恼怒，对部下说：“张耳和我功劳相等，张耳封王，我却只被封侯，这是项羽不公平。”

激愤之下，陈馀竟然联合齐王田荣，调动所属三个县的全部军队，前去袭击常山王张耳。结果，张耳败逃，随后投奔了汉王刘邦。

这一次，曾经刎颈之交的好友，彻底变成战场上的仇敌。

陈馀打败张耳以后，全部收复了赵国的土地，迎赵歇为赵国的国君，自己则做了赵国的“成安君”。

公元前205年，刘邦向东进击楚国，想要赵国一起参与。陈馀接到消息后，只说了一个条件：“只要汉王杀掉张耳，赵国就从命。”

由此可见，陈馀已彻底断绝与张耳的友谊，欲置之于死地。

为了麻痹陈馀，刘邦找到一个和张耳长得很像的人斩首，拿着人头送给陈馀，陈馀这才发兵助汉。然而，陈馀随后又觉察到张耳没死，很快背叛刘邦，返回赵地。

同年十月，韩信平定魏地不久，与张耳一同攻打赵国的井陉。陈馀没有接受谋士李左车的建议，轻视韩信的背水列阵法，最终兵败，被斩杀于泜水。

至此，一对曾出生入死、患难与共的好友，最终以一人杀死另一人结束，令人感叹不已！

由此可见，再好的朋友，再深厚的交情，也会有变化、变质的那一天。如果只守着曾经的交情办事，不懂得人性变化的道理，迟早会伤害到自己。

人是复杂而善变的。人与人的交情，也会因事件、利益、形势、观点不同而不断变化。明白这个道理，我们才能在与人结交时清醒看待，把握分寸，掌握原则，从而为自己争取到最大的利益。

先易后难乃大智慧

“今王之地小民贫，故臣愿从事于易。”

——《战国策 · 秦策一 · 司马错论伐蜀》

做任何事，都不可能一蹴而就、一击成功。太过于心急，莽撞行事，谋划不当，很容易遭遇失败。先易后难，循序渐进，方为智慧之道。

公元前316年，巴蜀之地发生战乱，秦惠王认为这是个好时机，可以借此兴兵伐蜀。然而此时，韩国军队也来侵犯秦地。面对“伐蜀”还是“伐韩”的问题，秦惠王举棋不定，于是询问谋士司马错和张仪的意见。

张仪建议进攻韩国。他认为，韩国与周天子临近，可以联合楚国、魏国，直接出兵声讨周国君主，逼其献出传国之宝九鼎。秦国凭借九鼎，便可挟周天子以号令天下，由此成就帝王大业，韩国也就不战而屈。

司马错却表示反对。他直言，要想成就帝王之霸业，必须实现国家疆土辽阔、人民富足、实力强劲。现在大王统治的国家，地方小，百姓穷，所以应该先办容易的事情。秦国应该由易到难，先攻占容易占领的西蜀之国，等国力强盛之后，再攻打其他国家。

司马错的建议是非常中肯的。很多时候，我们实力不够强大时，不可贸然挑战强大的对手，不然很容易遭到失败，轻则损兵折将，重则一败涂地。

事实上，我们做任何事，都要遵从先易后难、循序渐进的道理。一下子就成功的事情毕竟很少，更多时候，要想做成一件事，需要持久努力，经历诸多挫折和挑战。

当我们还很弱小的时候，就去挑战强大的对手，或者实现难度极高的目标，是十分愚蠢的。

正确的做法是，确定目标之后，制订规划，先从相对容易的部分入手，逐渐积累经验和实力，然后再逐步攻克较难的问题。如此循序渐进，方能一步步走向成功，达成目标。

960年，赵匡胤通过“陈桥兵变”登上帝位，建立了宋朝，史称宋太祖。

当时正是五代十国分裂时期，各地割据势力林立，叛乱频发，赵匡胤忧心忡忡，夜不能寐。他对宰相赵普说：“我睡不着觉，因为卧床以外都是人家的地盘。”

赵普深知国家形势不稳，还需进一步巩固，但又不能急功近利、盲目征讨。于是，他向赵匡胤分析了时局，最终确立了“先南后北、先易后难”的战略决策，逐渐统一全国。

“先南后北”是因为当时南方的割据势力相对较弱，而且内部矛盾重重，更容易击破。北方的辽国（契丹）和北汉实力都比较强劲，且有北方少数民族政权的支持，短期内很难撼动。而荆南、湖南之地位于长江中游核心地带，东临南唐，西接后蜀，南靠南汉。南下占领荆、湖之地，便可割裂江南诸国，为各个击破创造条件。

于是，建隆三年（962年）九月，赵匡胤遵从部署好的战略决策，一面安排兵力守卫西北边境，防止辽、北汉南侵；一面挥师南下，以荆、湖为突破口，开始了统一全国的战争。

乾德元年（963 年），赵匡胤以协助湖南讨伐张文表为名，借道荆南，进而一举攻占荆南。随后，宋军水陆并进，突破三江口（今湖南省岳阳市北），缴获战船七百艘，占领岳州（今湖南省岳阳市）。紧接着，宋军占领朗州（今湖南省常德市），攻克湖南。

至此，宋军已按计划占领荆南、湖南之地，得以西逼后蜀、东胁南唐、南可直取南汉，战略上处于极为有利的地位。

下一步便是由易转难，逐步攻克西蜀、南汉、南唐等地。这些地区位置相邻，但却彼此独立，逐个击破有利于集中力量，降低风险。

乾德二年（964 年）十一月，赵匡胤分兵两路，进攻后蜀。短短几个月，宋军就突破剑门险要，大败蜀军。随后，一路攻城略地，直逼成都。后蜀皇帝孟昶投降，后蜀灭亡。

后蜀的灭亡，也让其他国家看到了宋的强大实力。很快，南唐、吴越臣服，唯南汉皇帝刘鋹拒绝降宋。

此时宋的实力大增，根本不把南汉放在眼里。宋军一路猛攻，最终以火攻破南汉招讨使郭崇岳六万大军，继而攻陷兴王府。刘鋹投降，南汉就此灭亡。

宋灭南汉后，江南之地还有一个劲敌——南唐。南唐后主李煜，表面臣服以求自保，暗地里却加紧备战以防宋军进攻。

为一统江南，赵匡胤积蓄实力，经两年准备，于开宝七年

（974 年）九月，一面命曹彬统领十万大军出荆南，一面调吴越军出杭州北上策应，同时遣王明牵制湖口的南唐军，以保障主力东进。

全面准备之下，开宝八年（975 年）正月初三，宋军破溧水，继而与十万南唐军激战于秦淮河，最终大败南唐军，于十一月攻破江宁（今属江苏省南京市）。南唐后主李煜投降，南唐就此灭亡。

至此，南方已基本统一，统一全国的目标更近一步。然而，原本计划挥师北上，继续统一北方北汉和辽国的赵匡胤，却于 976 年忽然去世，这个战略未能完全施行。

赵匡胤的弟弟赵光义（即宋太宗）继位后，继续按照原定方针，推进统一事业，最终于 979 年灭掉北汉。虽还有辽国未被攻克，但也算基本实现了全国统一。

可以看到，宋在最初建国时，面对群雄割据、战乱不止的局面，想要一统天下十分困难，如果贸然出击，选错对手，极可能被彻底打垮，就此灭国。

然而，有了“先南后北、先易后难”的战略方针后，赵匡胤从较易攻克的南方入手，一步步增强实力，扩大疆土，逐一击败对手，最终实现了国家的基本统一。

由此可见，先易后难实乃大智慧、大格局！无论团队还是个人，只有在奋斗的道路上时刻保持稳健的步调，不莽撞也不冒进，才有机会抵达成功的终点。

第五章

诡道

——卸下思想枷锁，解决实际问题

《孙子兵法》云：“兵者，诡道也。”“诡道”之策，并非欺诈或背叛，而是运用智慧和计谋，突破常规，迷惑敌人，创造对我方有利的战机，最终克敌制胜。为人做事，应当以解决实际问题为准，行“诡道”，成大事。如果一味背负思想枷锁，便只能步步维艰，很难成事。

囿于一时荣辱注定难成事

“且吾闻，效小节者不能行大威，恶小耻者不能立荣名。”

——《战国策 · 齐策六 · 燕攻齐取七十余城》

金无足赤，人无完人。人都会犯错，会有不那么美好的一面。面对错误或者一时的道德瑕疵，如果就此灰心丧气、一蹶不振，那便是自断生路，再难翻身。

战国末期，燕国与齐国大战，齐国屡战屡胜，唯独拔不下聊城这根钉子。因为守聊城的燕国大将被人在燕王那里进了谗言，害怕被杀而死守不撤。此时，齐国谋臣鲁仲连给守城的燕将写了一封信。

信中言“效小节者不能行大威，恶小耻者不能立荣名”，意思是过于注重细枝末节的人，做不出有威望的大事；不能忍受小的耻辱的人，建立不起荣誉和功名。

由此，他告诉燕将，死守聊城不是长久之计，如果想得到更大的荣誉和功名，就必须勇敢回去面对燕王，忍一时之耻辱，而换取日后更大的功名。

燕将看到信后，果然从聊城撤兵，返回燕国。

事实上，我们总会遭遇一些不公平的对待，或者被人羞辱。面对这些，很多人会表现得无法忍受、极端愤怒，进而意志消沉、自我放逐，最终一蹶不振、一事无成。

而真正成大事的人，不会被这小小的耻辱给打倒。他们深知，每个人都是有局限的，都有犯错的时候，都有不美好的一面，也都会面临一些指责、嘲笑、羞辱甚至更大的打击。所以，他们从不苛求自己，也不追求所谓的通体无瑕、毫无阴暗面，而是客观接纳自己，正视自我缺陷，知耻而后勇，奋发进取、迎难而上，反而能后来居上，成就一番事业。

鲁国人曹沫，以力大勇敢著称。鲁庄公很欣赏他，任命他为将军。

当时，齐桓公任用管仲为相，励精图治，国势渐强，不久就开始了对外扩张。鲁国作为齐国的近邻，首当其冲成了它重点攻击的目标。

在两国最初交锋的长勺之战中，鲁国取得了胜利。但齐国国力雄厚，重整旗鼓后很快就继续前来攻打。这时，鲁庄公命令曹沫领兵和齐国交战。

结果，曹沫三战三败，让鲁国丢失大量土地，只好向鲁庄公请罪。然而，鲁庄公却以“齐鲁强弱悬殊，非战之罪”为理由安慰曹沫，不但没有治他的罪，反而让他继续统率三军。

试想，三战三败，失地千里，这是多么大的耻辱啊，任谁也不可能以平常心对待。此时的曹沫，如果因失败而愤怒，不顾后果一意孤行、盲目用兵，他的下场大概率是战死沙场，充其量不过是一个丧师身殁的败将，既不能称为勇士，更没有什么功名可谈。

然而，曹沫并未如此。他隐忍下三次败北的耻辱，没有盲目行动，更没有自暴自弃，而是积攒实力，伺机而动。终于，他等来了机会。

由于接连失败，鲁国最终只好向齐国割地求和。齐桓公于是召集诸侯在柯地会盟。就在会盟大会上，正当鲁庄公与齐桓公即将达成协议之时，曹沫瞅准时机，手执宝剑冲上前去，劫持了齐桓公。

齐桓公手下的人害怕伤到他，都不敢妄动。齐桓公问曹沫："你想要怎样？"曹沫从容不迫、义正词严地说："齐强鲁弱，您恃强凌弱，侵占鲁国，太过分了。您认为该怎么办呢！"

齐桓公无奈，只好答应尽数归还侵夺鲁国的土地。得到承诺后，曹沫扔下宝剑重新站在群臣之中，面不改色，辞令如常。

此时齐桓公恼羞成怒，想毁约食言，但被管仲劝止，只得作罢。于是，曹沫之前三战所失的土地，至此被全数归还。曹沫也因此天下闻名。

在这个故事中，曹沫生动地阐释了"恶小耻者不能立荣名"的道理。面对常人难以忍受的三战三败之耻，他没有丢盔卸甲、丧失斗志，而是以忠诚和勇气，最终要回了土地，其威名更是远播吴楚，可谓成果显著。

当然，曹沫能忍下耻辱，也是因为他知道自己功名未立、壮志未酬，所以面对一时的小耻辱，选择忍受，也敢于接受。

耻辱也好，挫折也罢，都是人生路上的试金石。它们给我们带来了难以忍受的痛处，也带来了极大的历练和成长。接受它们，接受人生的不完美，把自己从"道德瑕疵"的牢笼中释放出来，才能真正游刃有余地向前迈进，收获积极向上的勇气和决心，成就非凡事业。

“狐假虎威”的大智慧

“虎不知兽畏己而走也，以为畏狐也。”

——《战国策 · 楚策一 · 荆宣王问群臣》

自身力量不够、处于弱势时，聪明人懂得借势于人，利用外部力量来提升自己的地位和影响力，从而实现借力打力的效果，让自己摆脱困境。

楚宣王十七年（公元前 353 年），大臣昭奚恤被任命为楚国令尹。令尹是春秋战国时期楚国的最高官衔，执掌一国之柄，总揽军政大权于一身。因此，昭奚恤可谓一人之下、万人之上。

楚宣王二十七年（公元前 343 年），昭奚恤指挥楚国军队灭了陈、蔡两国，导致北方诸侯都很惧怕他。楚宣王听闻此事，心下不快，就问群臣：“我听说北方的诸侯都害怕昭奚恤，果真是这样吗？”群臣听了无人敢回答。

此时，谋士江乙上前，给楚宣王讲了“狐假虎威”的故事。狐狸让老虎跟在身后，百兽见了害怕地纷纷逃走，老虎因此以为百兽都害怕狐狸，却不知其实是在害怕自己。

通过这个故事，江乙告诉楚宣王，其实北方诸侯害怕的不是昭奚恤，而是他背后强大的楚国军队，由此打消了楚宣王对昭奚恤的猜忌。

“狐假虎威”这个成语正是由此而来。人们用它来比喻那些倚仗别人势力欺压人的人，也讽刺那些仗着别人的威势招摇撞骗的人。这种人虽然能借外力逞强一时，但其本质还是虚弱无力、不堪一击的。

然而，大家也忽视了这个故事里的另一个事实，那就是，狐狸通过假借老虎的威力，不但保住了自己的性命，还提升了自己在百兽面前的地位，可谓一举两得。这样来看，它不失为一只聪明的狐狸。

从“狐假虎威”的故事中，我们确实可以学到另一种智慧，那就是：当自身力量较弱时，可以适当地借助更强大的外力来提升自己。找到那些比自己更强大的人，借助他们的力量或者资源，“包装”自己，提升自己，从而打开人生新局面。

战国时期，吴王阖闾欲称霸，于是广招人才。伍子胥十分看重孙武，便多次向吴王推荐孙武。最终，吴王决定见见孙武。此时的孙武，还是个没什么名气的人。

见到吴王后，孙武将自己写的《孙子兵法》献给吴王。吴王看后，觉得很好，但又不确定孙武是不是只会纸上谈兵，于是对孙武说：“你的书写得很好，但不知道你是否会操练兵马？”

孙武直言道：“当然可以，大王如若不信，随便借我一些人，我可以演练给您看。”吴王忍不住确认：“随便什么人都行吗？”孙武回答：“是的，什么人都可以。”吴王听了不免觉得好笑，认为孙武把话说得太满了，便决定难为一下他。

于是，吴王下令，让宫中妇女一百八十人前来校场，听凭孙武指挥。这其中，还有吴王最宠爱的两位妃子。孙武一看，当下明白，这是吴王要故意为难他。

只见孙武规规矩矩、一本正经地将宫女分成两队，各由一位吴王宠姬带领，任命两人为左、右队长。接着，孙武向她们详细讲解了操练的规则和步骤，并且再三确认众人是否明白。在得到了确定的答复后，孙武便开始发号施令，让众人按口令执行。

然而，这些宫中妇女只当这是在玩闹，不但没有按照口令行动，甚至还嘻嘻哈哈地笑了起来。

面对此种情景，孙武没有责罚她们，反而承认是自己下令不够熟练，导致她们没有听清而照做。然而第二次，当孙武喊出口令时，这些宫中妇人还是没有执行。这一次，孙武严肃地说:“交代清楚而不听令，是队长和士兵的过错，队长应受军法处分!”说完，便命左右把两个队长推出斩首。

坐在一旁观看的吴王，一见孙武要杀他的两个爱妃，急忙派人阻止，并说:“我已领教将军练兵的高明了，请不要杀她们。”然而，孙武回答:“我既已受命为将，将在军中，君命有所不受。”毅然决然地把两个队长推出斩首。

其他宫女见状，再不敢嬉笑玩闹，全都认真操练起来。接下来，无论孙武发出什么指令，她们全都乖乖服从命令，非常严肃认真。

这时，孙武便向吴王报告说:“兵已练好，请大王检阅。”吴王眼见一群宫女被操练得有模有样，不得不佩服孙武的才能，于是拜他为将。

在这个故事中，宫女们一开始对孙武的操练和话语并不在意，因为在她们看来，这只是个无名小卒罢了，没有什么权势。然而，当孙武杀掉吴王的两名爱妃时，她们才意识到，这个人背后站着强大的吴王，拥有生杀大权，于是赶紧听从。

孙武能让宫女们言听计从，也是因为他明白自己身后是吴王。不然，以他一个无名之人的身份，是无论如何也无法操练这群宫女的。孙武借助吴王的权势，展示了自己的能力，进而得到了吴王的认可。这不正是“狐假虎威”的智慧吗！

个人的力量毕竟有限。在某些情况下，学会适当地“假借”别人的力量，不失为一种智慧。当然，借助别人的力量，只能是“借”，而不是自己真正拥有。

在借助外力的过程中，我们更要保持清醒的头脑和独立的思考能力，不盲目依赖他人，不因此放弃努力，通过不断提升实力，强大自己。只有具备足够的实力和能力，我们才能在生活中应对各种挑战和困难。

利益面前应保持头脑冷静

“王见大王之狗，卧者卧，起者起，行者行，止者止，毋相与斗者；投之一骨，轻起相牙者，何则？有争意也。”

——《战国策 · 秦策三 · 天下之士合从相聚于赵》

“天下熙熙，皆为利来；天下攘攘，皆为利往。”想要活得舒服，就需要不断获得更多的资源。所以，人们的多数行为，都是被利益所驱动的。能够将人们聚在一起的，只有更大、更长远的利益。这种因为利益而结成的联盟，往往也会因为利益而消散。在这样的背景之下，“共同的目标”就显得格外珍贵，有目标的时候，大家可以齐心协力。若没有共同目标，则会因为贪图私利而各怀心思。

战国末期，秦国变得越来越强大，大有吞并其他六国的趋势。六国为了找到抗衡秦国的办法，纷纷派出国内的谋士，前往赵国探讨合纵的事情，希望能拿出一个合理的盟约。

秦国虽然强大，但听说六国要联合起来对抗秦国，秦王也不免为之发愁。担任秦国相国的范雎向秦王进言：“大王不必发愁，臣有办法让他们的合纵之盟土崩瓦解。这些所谓的策士虽然效忠于各国，但又有谁真正与秦国有仇怨呢？想要聚集起来找到一个击败秦国的办法，无非是想要通过这件事情升官发财罢了。”

说到这里，范雎又指着宫中的猎犬说：“大王，您看看这些猎犬，该睡觉的正在睡觉，该站着的好好站着，该走来走去的就走来走去，该站着不走的就一动不动。它们各行其是，不会互相争斗。如果此时臣在它们中间放一块骨头，所有的狗马上会跑来围住这块骨头，朝着彼此龇牙，做出一副要与对方争斗的模样。这是为什么呢？因为这块骨头让它们生出了互相争斗的念头。”

范雎向秦王阐述了道理后，马上派出使臣唐雎，让他带着美女车队，载着五千金前往赵国，大摆宴席，宣称在邯郸的有才之士都可以来拿黄金。结果，只有倡议大家联合起来攻秦的策士没有拿，剩下的人都拿了。拿了黄金的人，跟秦国的关系变得如兄弟般友好。

范雎见事情有所成效，但还没有达到目的，就又给唐雎五千金，告诉他:“不必管黄金给了谁，只要能逐步送出去，就算大功一件。”

结果，这五千金刚刚送出三千金，这些天下有名的策士就因为分赃不均而争斗起来，所谓的合纵联盟也不欢而散。

联合六国灭秦的收益大，还是秦国拿出来的一万金收益大，想必人们都会毫不犹豫地给出答案。只要能灭了秦国，不管秦国有多少金，还不都是大家的？但灭秦是个长远目标，并不是一时半会儿就能实现的，更何况还有失败的可能性。眼前的一万金则不一样，秦国愿意无偿赠送，可谓唾手可得。正是因为眼下的蝇头小利，联盟尚未完全形成就已经破裂，参与者也为了各自的利益争斗起来。

有些人活着是为了能获得幸福，或者实现自己的人生理想。而有些人活着则只是为了虚无缥缈的面子，并且把面子看得比什么都重，为了争面子无所不用其极。

春秋时期，齐景公麾下有三位勇士，分别是公孙接、田开疆和古冶子。这三人自恃勇力过人，可与老虎肉搏，就连相国晏婴也不被放在眼里。晏婴早就看这几人不顺眼，因此想了个办法除掉他们。

晏婴告诉景公，这三人虽英勇善战，但却不讲究大义，早晚要成为祸患，与其留着他们祸国殃民，不如解决掉他们。

景公听从晏婴的劝告，却想不出办法，毕竟这三人武力过人，刺客根本不能暗杀成功。晏婴便让景公赏赐他们三人两个桃子，要他们按照功劳大小来分配。

三人见只有两个桃子，马上就开始夸耀自己的功绩。公孙接先说："我击败过正在哺乳的母老虎，还打败过破坏农田的野猪。按照功绩，这桃子怎么也要有我一个。"

田开疆不服气地说："我手持利器，两次挫败敌军。这样的功绩，分一个桃子不过分吧？"

古冶子还真的不服气，说："我跟随国君横渡黄河，拉车的马被河中大鳖咬住了，眼看马车被拖到河流中间，还是我潜入水中，顶着逆流行了百步，又顺流潜水九里，才找到大鳖，将其杀死。随后，我左手提着马尾巴，右手拿着大鳖的头，如仙鹤一般跳出水面。河岸上的人看见我的英姿，还以为我是河神呢。这样的功劳，配得上吃一个桃子。你们两个，赶紧把桃子给我。"

公孙接和田开疆见比不过古冶子，就说："论武勇和功劳，我们都比不过你，但你毫不谦让，内心贪婪，还活得恬不知耻，算什么勇敢？”两人交出桃子，刎颈自尽。古冶子见两人自尽，觉得非常羞愧，也放下桃子自尽了。

三人都威武勇猛，有功绩，也并非不懂道理的莽夫，但在象征功绩与名誉的桃子面前，还是失去理智，不管不顾地争斗起来。到最后，不得利者舍弃了自己的生命，恍然大悟者内心有愧，也自尽了。如果他们能早点看破迷局，不去争夺，又何至于此呢？

在利益面前保持头脑冷静，方能发现隐藏在利益背后的陷阱。该争的争，不该争的不争，才能保住义，而不被他人驱使、控制。

丑话说在前头，大家都有甜头

“约曰：‘四国为一以攻赵，破赵而四分其地。’是故不敢匿意隐情，先以闻于左右。”

——《战国策 · 赵策二 · 张仪为秦连横说赵王》

与人沟通共事，要记得提前说明利害，尤其是要明确告知对方困难、风险等，否则当出现不利结果时，对方可能会产生不满，由此给自己带来麻烦和损失。

战国时期，纵横家苏秦主张合纵抗秦，张仪则主张连横策略，以瓦解合纵。一次，张仪为推行连横策略，到赵国游说赵王。

他先是恭维赵国势力强大，然后话锋一转，指责赵王参与的合纵大大损伤了秦国的利益，秦国怀恨已久，现在不惜与赵国一战。

接着，他指出，秦已与楚、韩、魏、齐四国结成盟约，派出三路大军准备攻打赵国。

张仪说：“我们盟誓说：‘四国团结一致攻打赵国，灭掉赵后由四国瓜分赵国领土。’我不敢隐瞒真相，于是事先通知大王。”

赵王听此言论，深感恐慌，最终打破合纵盟约，向秦国割地。

张仪的游说非常有谋略，他当着赵王的面，直接说明秦国要攻打赵国的意图，并且详细告知了作战部署，一方面取得了赵王的信任，另一方面也是在给赵王威压，逼其就范。

这就是我们常说的“丑话说在前头”。什么是丑话？就是不好听的话、人人都不愿意听的话，但它却是实话、真话。

进一步理解就是：在事情发生之前，预先将可能存在的风险、困难或不利后果等真实情况明确地告知给对方。这样一来，就能避免后期因没有提前沟通而产生误解、纷争或者损失。

“丑话”先说，就相当于把坏的结果提前说明，这样等结果真的出现时，对方也能坦然接受。反过来，如果明知有风险，或者明知结果不好，却不提前说明，致使对方出现损失，势必会引起对方的怨恨。

晚清红顶商人胡雪岩在创办胡庆余堂的时候，就立下了“真不二价”“戒欺”的行事准则。

在胡庆余堂药店的大厅里，有很多朝外挂的匾额，但“真不二价”的匾额，还有一块黄底绿字写着“戒欺”的匾额，都是朝里挂，正对着药店坐堂掌柜的案桌。

显而易见，这两块匾额是给药店的掌柜和伙计们看的。胡雪岩之所以这么做，就是明确告诫属下：“凡百贸易均着不得欺字，药业关系性命，尤为万不可欺。”

通过这样的“丑话先说”，胡雪岩从一开始就立下了药店必须货真价实、严谨欺诈的规矩。凡日后来胡庆余堂工作的人，必须严格执行此则，一旦发现卖假货，则会立刻被开除。

正是因为树立了这样的规矩，胡庆余堂在数百年的传承中依然屹立不倒，成为比肩同仁堂的中华老字号。

皇祐四年（1052年），狄青因功勋显著被升任为枢密副使，跻身执政大臣之列。随后不久，他便率军前去平定广源州（今广西壮族自治区靖西市、田东县一带）侬智高的军事叛乱。

就在出发之前，一批贵族纨绔子弟找到狄青，央求其带领他们前往战场，企图借此蹭一些军功。

狄青十分清楚，这些人毫无作战经验，只会成事不足败事有余，成为自己的累赘。于是，狄青毫不留情地告诉他们："此次出征凶险异常，一旦有人触犯军法，必然会严厉惩处，绝对不会照顾任何人的面子。"

纨绔子弟一听，顿感参军风险太大，恐会因触犯军法而遭受严惩，甚至还可能丧命，纷纷放弃，再也不敢来找狄青了。

很显然，狄青就是通过"把丑话说在前头"吓跑了这帮贵族子弟。由此可见，"丑话"虽然难听，却能产生实际的效果，大大提高办事效率。

通常，出于人情世故考虑，我们往往不会先说"丑话"，总是说一些好听的、顺耳的话。实际上，这样的沟通会导致后期麻烦不断，处理起来费时又费力，与其如此，真不如"丑话先说"。

相比那些好听的话，"丑话"的确是"丑"了点，但比起日后可能出现的"大丑"、大错误、大损失，丑话只能算是"小丑"。它能给我们带来提醒和警示作用。

第六章

奇袭

——避逆鳞，打七寸

奇袭之策，在于“奇”。正面迎敌是常态，但实力悬殊的话，必败无疑。此时，不妨避逆鳞，打七寸，找准对方要害，在其毫无防备或预料之外的情况下，实施快速、猛烈且出其不意的攻击，由此便可一招制胜！

敌人的弱点，正是最好的突破点

“人主之子也，骨肉之亲也，犹不能恃无功之尊、无劳之奉，而守金玉之重也，而况人臣乎？”

——《战国策·赵策四·赵太后新用事》

当竞争进入僵持阶段时，朝对手弱点展开攻势，是打破局面、占据先机的有效手段。如何找到对手的弱点呢？只需谨记一条：最在乎的东西 = 最大的弱点。

公元前 265 年，赵惠文王去世，其子赵孝成王登基，但实际执政掌权的却是他的母亲——太后赵威后。

秦国趁着赵国内部政局暂时不稳，加紧进攻赵国；赵国此时难以独自与秦国交战，只好向齐国求救。

齐国表示：我们可以帮你，但是赵国必须把长安君送到我们国家，作为人质。长安君不是别人，正是赵威后最喜欢的小儿子。

赵威后不肯将儿子送到齐国，并对群臣说谁要劝说她把儿子送到齐国当人质，别怪她当面唾他一脸。这话一出，谁敢多嘴？

左师公触龙知道赵国的安危系于一线，坚持入宫劝谏太后。太后听说触龙入宫，心里明镜儿似的——他是来劝自己让儿子当人质的。于是气势汹汹地等着触龙，只要触龙一提起这件事情，就立刻给他好看。

谁知，触龙见到太后之后，却闭口不谈送长安君当人质的事情。他聊起了自己身体老迈，行路困难，又说自己食欲不佳、精神不振，聊的尽是一些老年人经常说起的话题。

太后渐渐没有了开始的怒色，与触龙正常交谈。触龙随即谈起小儿子舒祺，说到这次觐见就是为了小儿子的前程，希望太后能看在自己为国家效力了一辈子，如今垂垂老矣的分儿上，给儿子谋一个宫中的差事。

太后笑着问触龙："你们男人也如此关爱孩子吗？"

触龙说："比你们女人还爱呢！"

太后表示怎么可能，于是便说："女人爱孩子的心，要比你们男人强上百倍！"

触龙趁机说道："老臣窃以为，您喜欢燕后要多于长安君。"触龙口中的燕后，是太后的女儿，当年太后将其嫁到燕国作为人质，以换取燕赵的政治联合。

太后说道："您错了，相较于燕后，我还是更喜欢长安君多一些。"

触龙说："母亲爱孩子，就要为他的长远考虑。您送燕后出嫁时，她上了车，您还握着她的脚后跟为她哭泣，惦念、伤心她远嫁，也算是够爱她了。送走以后，您不是不想念她了；每逢祭祀，您一定为她祈祷，祈祷说：'千万不要被赶回来啊！'这难道不是从长远考虑，希望她有子孙相继为王吗？"

太后说："是这样的。"

触龙说："从现在算起往上推三代，一直到赵氏建立赵国的时候，赵王的子孙凡被封侯的，他们的后代还有能继承爵位的吗？"太后说："没有。"触龙又问："不仅是赵国，其他诸侯国的子孙有吗？”太后说：“我没有听说过。”

触龙说：“他们当中祸患来得早的就会降临到自己头上，祸患来得晚的就降临到子孙头上，难道国君的子孙就一定不好吗？根本的原因是他们地位高贵却没有功，俸禄优厚却没有劳，而且拥有的贵重宝器太多了。现在您把长安君的地位提得很高，并且把肥沃的土地封给他，还给了他很多贵重的宝器，却不趁现在让他有功于国。一旦您百年之后，长安君凭什么在赵国立身呢？老臣认为您为长安君考虑得太短浅，所以认为您对长安君的爱不如燕后。”

太后说：“你说得对，任凭你指派他吧！”

于是，触龙为长安君备车一百乘，到齐国去做人质。

齐国履约出兵。

触龙之所以能够打破僵局，说服他的“对手”太后，就是因为抓住了太后最大的弱点——溺爱儿子。

因为爱儿子，所以不愿意让儿子到齐国做人质。但是触龙却巧妙地给太后灌输了一个观念：“父母之爱子，则为之计深远。”因为你爱孩子，所以不能只看眼下，要为孩子的长远打算，把孩子送到齐国当人质，才是为孩子的长远考虑。

太后的弱点已经完全被触龙拿捏，忘了自己说过的“谁要来劝我，就唾他一脸”，答应将儿子送到齐国。

这种以对手最在乎的东西作为弱点展开攻势、打破僵局的方法，在任何时代都适用。

在比利时的一间画廊里，一位美国画商和一位印度画商正在为价格争得不可开交。原来，印度画商带来了一批画，每幅画开价都在十美元至一百美元之间，唯独对美国画商选中的三幅画，每幅要价为二百五十美元。无论美国画商如何说，印度画商就是不肯退让。

美国画商认为印度画商是在敲竹杠，很不满意，不愿成交。印度画商火了，拿起三幅画中的一幅，就点着了。美国画商见状心痛不已，便问印度画商:“剩下的两幅画价格能否低点儿?”不料，印度画商根本不让，死活坚持每幅二百五十美元。美国画商仍犹豫不决。于是，印度画商又拿起一幅画烧了。

这下美国画商沉不住气了。他平生酷爱收藏画作，视之为至宝，于是只好乞求印度画商不要烧掉最后那幅，愿意将它买下。然而，此时印度画商却大声说道:“最后这幅画五百美元，你买不买?”

美国画商担心他再把这最后一幅画烧掉，只好乖乖地付了款。印度画商就这样轻而易举地赚了五百美元。他为什么能够成功呢?原因就在于，他抓住了那位美国画商酷爱藏画的心理弱点，步步紧逼，直到那位美国画商点头答应为止。

之所以强调利用对方在乎的东西去影响对方，是因为在大多数时候，我们不是在和逻辑产物打交道，而是在和情感动物打交道。人是有情感的动物，要想成功说服对方，让他接受，就要从对方角度出发，用好共情力，解决双方的问题，而非一味强调个人得失。

出其不意，拒绝“被预测”

"故不如南攻襄陵以弊魏，邯郸拔而承魏之弊，是赵破而魏弱也。"

——《战国策·齐策一·邯郸之难》

遇到强大的对手时，与其正面交锋不敌，不如避其锋芒，跳出常规思路，从意想不到的角度进行攻击，这样就可以出其不意，轻松获胜。

公元前354年，魏惠王派大将庞涓前去攻打中山国。中山原本是魏国北邻的小国，被魏国收服。后来，赵国趁魏国国丧之际伺机强占了中山。

庞涓认为，中山不过弹丸之地，距离赵国又近，不如直接攻打赵国都城邯郸，既解旧恨又一举两得。魏王采纳了他的建议。

于是，庞涓出兵赵国，很快包围了赵国都城邯郸。眼看邯郸将破，赵国国君赵成侯火速派人前往齐国求救。

齐威王召集大臣商议后，决定出兵救赵。大臣段干纶提出建议，认为直接把军队派往邯郸，不如南下进攻魏国相对空虚的襄陵，魏军势必要返回营救。这样一来，既能解救邯郸，又能趁魏军疲惫之际大败魏军。

这个故事在《史记·孙子吴起列传》中也有记载，便是著名的"围魏救赵"，只不过主要人物换成了孙膑。对此我们不做深究，只来讨论这个计策的妙用。

面对邯郸的危局，正常思维都是直接出兵，前去解救，但段干纶却避实就虚、另辟蹊径，从侧面攻打襄陵。这种出其不意的做法，打乱了魏军的部署，让其方寸大乱，进而落败。

另外，选择襄陵作为攻击地点，正是拿准了襄陵是魏军的战略要地，他们一定会回来救援，从而产生直击要点、一招制胜的效果。

很多时候，我们落败于人，就是因为太过遵从常规思维，很容易被人看清套路。

“围魏救赵”的策略正是要我们跳出常规思维，打破思维定式，从其他角度寻找解决方案，从而摆脱“被预测”的情况，出其不意，制造胜局。

蜀汉建兴六年（228 年），诸葛亮因误用马谡失掉战略要地街亭。之后，魏将司马懿乘势率领十五万大军向诸葛亮所在的西城蜂拥而来。

当时西城城内兵力极其空虚，诸葛亮身边没有大将，只有一班文官，所带领的五千人也有一半运粮草去了，城里只剩两千五百名士兵。

面对即将到来的司马懿大军，众人都惊慌失措、无计可施。诸葛亮登城楼观望后，却坦然自若，对众人说：“大家不要惊慌，我略用计策，便可让司马懿退兵。”

接着，诸葛亮传令，把所有的旌旗都藏起来，士兵原地不动；又让士兵把四个城门全都打开，每个城门处派二十名士兵扮成寻常百姓模样，开始洒水扫街。

诸葛亮则披上鹤氅，戴上高高的纶巾，领着两个小书童，带着一把琴，到城墙上望敌楼前凭栏坐下，燃起香炉，然后慢悠悠地弹起琴来。

当司马懿的先头部队来势汹汹，到达城下时，他们看到的不是惊慌失措的对手，而是让他们完全摸不着头脑的一幕：诸葛亮坐在城墙上弹琴，百姓在城门口洒水扫地。

这是什么情况？众人大惑不解，一时不敢贸然入城，只好派人返回禀告司马懿。

司马懿听后，笑着说："这怎么可能呢？"马上命令三军停下，自己骑快马前去细看。

当司马懿到了离城不远的地方时，他看到诸葛亮果然端坐在城楼上，悠然地焚香弹琴，一派安然自在。他左面一个书童，手捧宝剑；右面也有一个书童，手里拿着拂尘。城门里外，几十个百姓模样的人正在低头洒扫，旁若无人。

这样出人意料的情景，让司马懿也深感奇怪。他看了半天，依旧疑惑不已，又不敢贸然攻城，最终只得命令后军充作前军、前军冲作后军撤退。

他的二儿子司马昭十分不解，问道："父亲，您为什么要退兵呢？这莫不是诸葛亮家中无兵，所以故意弄出这个样子来吗？"

司马懿回答说："诸葛亮一生谨慎，不曾冒险，现在城门大开，里面必有埋伏。我军如果进去，正好中了他的计谋，还是快快撤退吧！"于是，各路兵马都退了回去。

这就是历史上有名的“空城计”。在大军压城的危急时刻，人们的正常思路大概都是弃城而逃，或者出城投降，至少也会表现得惊慌害怕，一派狼狈之相。

然而，诸葛亮却反其道而行之，大开城门，在城墙上悠然地焚香弹琴，似乎毫不在意眼前的处境。这样的姿态，无疑让对手意想不到、迷惑不已，最终只能放弃进攻而撤退。

所以说，面对困难或者强大的对手时，我们不应局限于传统的、常规的思考和方法，而是尝试跳出常规，从侧面或其他角度另辟蹊径，出其不意、攻其不备，从而以小博大、出奇制胜。

保护自己的“护城河”

"赵之于燕、齐，隐蔽也，齿之有唇也，唇亡则齿寒。"

——《战国策 · 齐二 · 秦攻赵长平》

在某些情况下，事物之间紧密相连，彼此相互依存。如果其中一个出现问题或受到影响，可能会波及其他事物，造成连锁反应，影响到整体的稳定与发展。

公元前 206 年，秦国出兵攻打赵国的长平。这是一场秦国与赵国之间的战略决战，其结果将成为改变战国局势的关键。为了对付霸道的秦国，齐国与燕国决定出兵前往救援赵国。那时候，无论是赵国、齐国还是燕国，兵力都十分强盛，属于强国之列，若真的能联合在一起，打败秦国未尝不可。

秦昭襄王收到消息之后，便在心里盘算起来："这场仗能不能行，还待观察一二。如果三国之间关系紧密，真的一心联合，那么就得退兵，肯定打不过；但要是他们各怀鬼胎，关系并没有那么紧密，就可以继续攻打长平，毕竟一盘散沙，有何可惧啊！"

过了几天，赵国那边粮草告急，便派遣使者前往齐国，向齐军借粮。齐王听了这事，压根儿没理会对方，自己都如此"大公无私"地出兵救援了，你们倒好，连粮草都惦记上了，想得美！

齐国的谋臣周子听说这事后，赶紧觐见齐王，劝他说："大王，您不如还是同意赵国的请求，借给他们点粮草吧，毕竟咱们的主要目的是帮助赵国打退秦军。您想，赵国没有粮草支撑，那就没法继续和秦军打，一旦赵国败了，那不正中秦国下怀了吗？这样一来，齐国和燕国出兵，不白忙活了吗？更何况，从地理位置上看，赵国对于齐国和燕国来说，就如同一道天然的屏障，有它在前头顶着，齐国和燕国就是安全的。若是赵国没了，齐、燕两国就要直面秦国的铁蹄了。这就好比嘴唇与牙齿，赵国就是嘴唇，齐、燕就如牙齿，没了嘴唇，牙齿就会感到寒冷。咱们今日对赵国袖手旁观，来日遭殃的可就是齐、燕两国了！更何况，救援赵国这事本就十万火急，好比手上捧着正在漏水的瓮，去浇灭烧得正旺的炉子一般，越早出手，效果越好。再者，咱们这次出兵救援赵国，是正义的事情，只要成功击退秦国，必然名扬四海，赚尽美名。要是今天因为舍不得粮食，不去帮助赵国，放弃这一大义之举，绝对是为国家出谋划策之人的过失啊！”

表面上看，齐国和燕国出兵援助赵国，甚至可能还要为赵国提供粮草，似乎是“吃了大亏”，但就如周子所说的，对于齐国和燕国来说，赵国就像它们的“护城河”，只要“护城河”在，它们的安全就是有保障的，一旦“护城河”失陷，它们也就暴露在危险之下，随时成为下一个被攻陷的目标。

然而，很多时候，人们总是容易被眼前的利益所蒙蔽，以为“事不关己，高高挂起”，却不知当他们因眼前短暂的利益而选择冷眼旁观，甚至出卖伙伴时，他们同时出卖的，还可能是自己的“未来”。

陈桥驿兵变，宋太祖赵匡胤黄袍加身之后，天下形势仍旧不容乐观。从地理位置上看，地处中原的北宋政权，正面临四面围困的局面：北方是不断发展壮大的契丹，以及在契丹扶持下大有死灰复燃之势的北汉；西方是党项、六谷部等众多羌狄部落，一直虎视眈眈；南方，割据政权比比皆是，西南的后蜀，正南的南平、楚国、南唐、南汉、吴越等诸国，都是难以忽视的隐患。强敌环伺，情势不容乐观。

情势虽然危急，但并不意味着就没有脱困之法。经过分析，赵匡胤发现，北方的北汉政权已经被打得不敢出门，一时之间掀不起什么风浪，契丹也进入权力斗争后的恢复稳固期，暂时自顾不暇。因此，北方的问题可以放一放，先集中兵力解决南方。

南方诸国首尾相连、一字排开，彼此之间联系紧密，相互支援，想要有所进展，就得找到合适的突破口。南方势力中，最强大的莫过于东南方的南唐和西南方的后蜀，这两国呈东西呼应之势，若是能切断它们的联系，各个突破，南方的问题就好解决了。

赵匡胤发现，虽然南唐和后蜀的关系比较紧密，但两国实际控制的疆域并没有接壤，中间还隔着荆南和楚地，而楚地一直叛乱不断，虽然它早在951年就被南唐朝廷攻灭了，却始终没有真正被南唐掌控。因此，只要能收服楚地和荆南，自然就能切断南唐与后蜀的联系，然后将其各个击破。但是如何才能收服楚地和荆南呢？

正在赵匡胤一筹莫展之时，楚地的张文表、王进逵和周行逢相继叛乱，张文表甚至还写信向大宋求援。赵匡胤大喜过望，真的是瞌睡了就有人送枕头啊！

随后，赵匡胤便以向荆南借道进入楚地为由，让宋军直接进驻武陵，轻而易举地灭掉了荆南，随后又一路南下，势如破竹地平定叛乱，将楚地收入囊中。南唐和后蜀的联系被彻底切断之后，两国只能各自为政，最终相继被宋军攻破。

南方各小国之间的关系，实际上便如唇齿相依。当它们紧密联系之时，即使是比它们都强大的宋国，也要忌惮一二。可一旦出现裂缝，彼此之间的联系分崩离析，那么就离灭亡不远了。这不是任何单一国家的事情，而是涉及它们共同的命运。

当然，无论是荆南还是楚地，都不可能与历史潮流相抗衡。若是宋军在向荆南借道之时，荆南选择向南唐和后蜀求助，借由外部势力牵制宋军，或许它们还有挣扎求存的机会。

信任自己，才能出奇制胜

"夫论至德者不和于俗,成大功者不谋于众。"

——《战国策·赵策二·武灵王平昼闲居》

成大事者,必定眼光独到、深谋远虑、成竹在胸。他们往往不轻易被别人的意见或建议左右,更多的是遵从内心的想法,以自己的眼光和见解行事,自己有决断。

赵武灵王曾力排众议,成功推行了胡服骑射的强国政策,令赵国一举打破了过往积贫积弱的局面。凡成大事者,必有非同一般的眼光、心胸和气度,自己看准了去做就行。

古今许多成大事之人,大抵有这样的决断。

战国初期,在齐、楚、燕、赵、魏、韩六国井田制瓦解、土地私有制产生并进行赋税改革时,秦国还未开始,因此其社会经济发展落后于其他六国。

为了增强实力,以免在诸侯国的争霸中处于不利地位,进而被别国吞并,秦孝公决定任用商鞅,推行变法。

然而,当时的旧贵族代表甘龙、杜挚联合起来反对变法。他们提出,"利不百,不变法;功不十,不易器"。意思是,没有很多的利益,就不要更改法令制度;没有显著的功效,就不要改换工具。

甘龙还对商鞅说:"对于旧的法度,官员们都很熟悉,民众也都很习惯,大家这样刚好相安无事。"

面对顽固的旧贵族,商鞅针锋相对地指出,变法乃是顺应国家发展形势,是正确的谋略,理应进行。

针对甘龙的说辞，商鞅更是毫不留情地批判说：“平庸的人会安于现状，一般的读书人会局限在自己的见闻里。这两种人都只能守着现有的摊子，实在不值得跟他们谈他们认知之外的事情。有智慧的人可以为国家制定新的法规，平庸的人只能看守原有的局面。”

商鞅还对秦孝公说：“对一般人来说，开始谋划事情时，和他们是谈不拢的，只能等事情做成之后，再和他们共同享乐。”

不得不说，商鞅是有魄力、敢决断的。这是因为，他对于自己推行的变法有着清醒的认知和判断。他很清楚，秦国要想强大，变法势在必行，任谁反对都不行。

可如甘龙之类的旧臣，还守着老的观念和礼法，没有商鞅的眼界和远见，也意识不到变法的好处，更何况与商鞅交流和提建议了。

商鞅确定推行变法之后，也并非不顾现状、盲目推行，而是先酝酿布局，营造势头。

为了让百姓相信自己，进而顺利推行变法，商鞅做了一个小实验。

他命人在国都集市的南门外竖起一根三丈高的木头，并出示布告：“有谁能把这根木头搬到集市北门，赏黄金十两。”

百姓看了都觉得奇怪，出于对官府的畏惧和不信任，没有人敢来搬动木头。

于是，商鞅又出示布告说：“有能搬动木头的，给他五十两金。”

这下，终于有人心动了。有个人壮着胆子把木头搬到了集市北门。

见此情况，商鞅立刻命人给了他五十两黄金。这样一来，百姓都非常信赖商鞅，为他日后推行变法打下了群众基础。

不可否认，人与人是有差距的。见解不同、眼光不同，对事情的接受和看法也不同。与其被别人说三道四，通过一味地解释获取别人的支持，不如始终坚信自己。

古今中外成大事者，大多是靠自我决断，而不是他人建议成事的。因此，面对决策，我们不要人云亦云，而是要坚定地相信自己判断。这样，才能远离那些让我们动摇的声音，专注而全力以赴地做该做的事，从而抵达成功的彼岸。

提前布局，适可而止

"今建国立君，泽可以遗世。愿往事之。"

——《战国策 · 秦策五 · 濮阳人吕不韦贾于邯郸》

成功者做事总是会未雨绸缪，在入局之前，就已经开始布局。这样做不仅能有更多的时间与空间来保证事情进展顺利，还能在竞争中保证计划执行的完整程度。

不提前布局，那就等于将所有的压力放在个人随机应变的能力上。一旦事情与我们设想的不同，就需要临时做出判断、应对变化。一旦有哪个环节没能做好，可能会面临满盘皆输的结局。

因此，只有提前布局，才能保证我们所设想的计划能顺利执行，想要打造的未来能够实现。

战国末期，濮阳人吕不韦在赵国邯郸经商。此时，秦国公子异人正在赵国做人质，吕不韦发现后，就回去询问父亲："耕田能获利几倍呢？"

父亲回答说："十倍。"

吕不韦又问："贩卖珠宝玉器又能获利多少？"

父亲回答说："可以获利百倍。"

吕不韦抛出他真正想要问的："如果将某人立为国家的君主，可以获利几倍？"

父亲说："那将数不胜数。"

吕不韦对父亲说："努力从事农业劳动，连丰衣足食都难以做到。要是能建立国家，册立君主，获得的利益甚至可以传给后世。

秦国公子异人就在赵国当人质，我想为他效力。”

想要立异人为国君，就必须先得到他的信任。吕不韦找到异人，说：“我能帮您光耀门庭。”

异人面对吕不韦这般话，面露讥讽，回答说：“你要是能帮我光耀门庭，倒不如先光耀自己的门庭吧。”

吕不韦一脸正色，对异人说：“您的门庭光耀了，我的门庭自然也能得到光耀。”

异人不明白吕不韦的意思，但好奇心让他忍不住将吕不韦引入座中，与他详谈起来。吕不韦告诉异人：“您的兄弟太子子傒是下一任国君继承人，他的母亲在朝内帮助他。您在赵国，又没人帮忙，一旦秦国与赵国开战，您必死无疑。但听我的话，您不仅能逃出生天，还能回到秦国掌控大权。”异人被吕不韦说动，全权授意吕不韦帮他运作。

吕不韦先拿出五百金给异人，让他结交宾客，以便将来能得到帮助。随后，他找到秦国王后华阳夫人的弟弟阳泉君，说他如今过得太奢华，手下都是官员，马厩中都是宝马良驹，家中更是金银美人不计其数，太子子傒过得都远不如他好。一旦太子继位，必然要拿阳泉君开刀。

阳泉君大惊失色，赶紧询问吕不韦该如何化解危难。吕不韦告诉阳泉君，在赵国做人质的异人非常聪慧，又与华阳夫人非常亲近，当成生母一般敬仰。他现在非常期盼能回到秦国，可惜朝中没人能够帮助他，如果华阳夫人愿意认他为义子，等异人回国之后继承王位，华阳夫人也就有了儿子，将来也不至于门庭之前长满蒿草，冷落破败了。

华阳夫人听了吕不韦的计策，去找秦王哭诉。秦王被华阳夫人说服，要求赵国放人。

赵国国君哪里肯放弃人质？吕不韦又去游说赵王：“异人很受秦王宠爱，华阳夫人也打算让他做儿子。即便如此，秦国想要进攻赵国，也不会因为一个人质而扭转想法。到时候，赵国不过得到一个毫无用处的人质罢了。如果您放异人回秦国，他必然会记得您的恩德。一旦秦王百年，异人继位，您必然会有丰厚的回报，以及与赵国建立长久的邦交。”赵王被说动，放异人回了秦国。

异人回到秦国，吕不韦早就上下打点好了。他先是穿着楚国的衣服去见故乡为楚国的华阳夫人，赢得了华阳夫人的好感，被收为义子。随后，异人又按照吕不韦的说法为秦王献策。在华阳夫人的鼓动下，秦王真的修改了继承人。

等秦王百年、异人继位后，吕不韦官至相国，被封为文信侯。果然如他当初和父亲所说的那样，获利无数。

吕不韦立异人为王一事，可以说是步步占据先机。他不仅调查了阳泉君与华阳夫人的软肋，还提前想到以异人继位为核心的解决办法，让阳泉君和华阳夫人不得不支持异人继位。

能做到提前布局，也要能做到适可而止。早一步可能时机尚未成熟，晚一点可能会出现意料之外的失控。

周朝成王时期，周公辅政。周朝当时刚建立不久，对周边地区的控制并不稳固。商朝遗民和诸侯国都对周朝统治虎视眈眈，于是联合起来制订了叛乱计划。

他们先是造谣，说周公代天子执政，有谋朝篡位的打算。周公担心谣言发酵，也打算看看他们到底想要干什么，就借坡下驴，离开了京城。等到叛乱开始，周公回归京城，带兵出征。三年时间，他不仅解决这场叛乱，还顺手镇压了周边各方势力，让周朝的统治变得更加稳固。

将问题消灭于萌芽之中是最好的，但是这样做往往不能将祸患连根拔除。只有找到解决问题的关键点，才是成事的最佳时机。

下卷

控局安天下

第七章

审慎

——审时度势，谨慎做事

凡事勇往直前的同时，也要懂得审时度势。处理事务或做重大决策时，我们要细致观察、分析当前的形势，深思熟虑，权衡利弊，控制风险，这样才能降低失误，抓住机遇，增加成功概率。正所谓，“以审慎之态，得万全之策”。

越近顶峰，越要谨慎

"《诗》云：'行百里者半于九十。'此言末路之难也。"

——《战国策·秦策五·谓秦王》

越是在接近目标、即将成功之际，越是要加倍谨慎和努力。须知，愈近顶峰，挑战也愈发艰巨。若此时放松警惕、懈怠大意，只会落得功亏一篑、满盘皆输的结局。

秦武王执政时期重武好战，秦军接连攻破宜阳，占领三川，使天下诸侯惶惶不安，大有问鼎中原之势。秦武王因此轻视齐国，疏远楚国，颇为骄横。

眼见秦武王如此，有人前来规劝他。其中有句很重要的话——行百里者半于九十。意思是：走一百里路，即使走了九十里，也还只是一半。

围绕这句话，他分析了当前秦国面临的局势，告诉秦武王：虽然现在秦国强大，获得了胜利，但这只相当于前面的九十里，若想最终成就霸业，后面的路才是最紧要的，一定要兢兢业业、谨慎到底，不然就可能招来无穷的祸患。在目标尚未达成之时，哪怕已经接近成功，也不能懈怠放松、放慢脚步，更不能骄傲自满、大意失误。

成功来自时时刻刻的努力和谨慎行事，哪怕只是极小的失误，也可能被人抓到破绽而功亏一篑；哪怕只是一小段时间的懈怠，也可能被人赶上而落败于人。一旦在最后这段路上失败，那么前面那么多的付出就会付诸东流。

公元前 496 年，吴王阖闾败于越王勾践之手，伤重身死。其子夫差继位，发誓要为父亲报仇。他励精图治，任用伍子胥等人，整顿军队，使吴国国力迅速增强。

报仇的时候终于到了。公元前 494 年，吴越两国在夫椒大战。越军战败，损失惨重，仅剩五千余人，被吴军包围在会稽山。

越王勾践无奈，采纳大夫范蠡、文种建议，以美女、财宝贿赂吴太宰伯嚭，向吴王夫差屈辱求和，并亲自到吴国为奴三年。

击败越国之后，夫差又发动了一系列战事。公元前 489 年，北伐齐国，在艾陵大破齐兵；公元前 487 年，为驺国讨伐鲁国，最终与鲁定盟后离开；公元前 486 年，在邗（今江苏省扬州市附近）筑城，开凿邗沟，连接长江、淮河，在艾陵之战中全歼十万齐军。

可以说，在吴王夫差的带领下，吴国一度达到鼎盛时期，大有问鼎中原的架势。然而，连续胜利之后，夫差渐渐沉醉在胜利之中。他开始任用奸臣宵小，生活奢华无度，对外穷兵黩武。

更重要的是，在老对手越王勾践回国、励精图治的时候，面对伍子胥攻打越国的建议，他置之不理，给了勾践重整旗鼓、卷土重来的机会。

公元前 482 年，为了争当霸主，夫差亲自带领大军北上，与诸侯盟会于黄池。此时吴国国内都城空虚，防线松弛。

勾践果断抓住这一千载难逢的机会，在范蠡、文种等贤臣的辅佐下，趁吴国内部空虚，精心策划并迅速发动攻击，一举攻破吴国都城姑苏，使吴国元气大伤。

公元前 476 年，勾践再次攻打吴国，并于公元前 475 年围困吴国。终于，在公元前 473 年 11 月，越国打败吴国。吴王夫差拔剑自刎，吴国灭亡。

不得不说，吴国从一个小国到成为有争霸实力的国家，夫差功不可没。他本可以带领吴国争霸中原，即便不成，也能维持一个大国的体面。

然而，他却在即将达到顶峰之际陷入胜利的迷雾，骄傲自满，轻视对手，从而给对手制造了机会，导致国破身死。

他的对手越王勾践，却在艰难困苦之时，始终保持警醒，谨慎行事，最终成功翻盘。

可见，越近顶峰，越要谨慎。越是接近成功或权势的顶峰时，越应该居安思危，戒骄戒躁，谨慎应对每一个决策。无论是在国家治理还是个人追求上，都是如此。

凡事贵在坚持。有始容易，有终实难。很多人之所以失败，不是开始选错了方向，也不是中途不够努力，恰恰是在最后关头疏忽大意，从而倒在了黎明前。面对即将到来的胜利，我们要时刻谨记“行百里者半于九十”，越接近成功越谨慎，全程努力不停歇，才能摘取成功的果实。

远离无谓的争斗

"两者不肯相舍，渔者得而并禽之。"

——《战国策 · 燕二 · 赵且伐燕》

竞争关系不只是一对一的，很多时候，当我们与别人发生争斗、彼此消耗时，可能会出现第三者从中获利。因此，在处理矛盾和斗争时，我们要保持冷静和客观，不要被表面利益所诱惑而盲目参与其中，否则可能成为被瓜分的"战利品"。

燕昭王即位后，兢兢业业奋斗二十八年，终于让燕国走上正轨，恢复往日荣光。当时，燕国主要有两个敌人：一个是当初入侵自己的齐国，另一个就是和燕国紧挨着的邻居赵国。燕国一心想要向齐国复仇，而邻居赵国见燕国发展得越来越好，担心燕国威胁到自己，便打算先发制人，攻打燕国。

面对这样的情况，燕昭王十分无奈，只好派苏代前往赵国，游说赵惠王放弃攻打燕国的计划。

苏代见到赵惠王之后，没有马上说出自己的来意，而是讲述了自己前来赵国时途经易水看到的一件趣事。

苏代说："我来的时候，经过易水，瞧见一只大河蚌从水里钻出来，悠闲地趴在河边晒太阳。这时候，突然飞来一只鹬鸟，直直朝着河蚌飞过去，用嘴叼住了蚌肉。河蚌赶紧将蚌壳合上，死死夹住鹬鸟的嘴巴，一时之间，二者互相僵持，谁也奈何不了谁。见此状况，鹬鸟说话了：'别以为你夹住我的嘴，我就不能吃掉你。若是今天和明天都不下雨，你在岸边可就要干死了，到时我照样能美餐一顿！’河蚌也不甘示弱，冲着鹬鸟呛声道：‘得意什么？我若是死了，你恐怕也活不了。只要我不肯松开，你就不能吃东西，到时你就会被饿死！’就这样，鹬鸟和河蚌互不相让，谁也不肯先松开对方。不久，河边来了一个渔夫，渔夫瞧见鹬鸟和河蚌，毫不费力地将它们抓住了。”

说到这里，苏代停顿片刻，继续对赵惠王说：“大王，如今赵国准备攻打燕国，两国实力相当，必然会陷入长久僵持不下的局面，而只要打仗，双方的兵力就必然有所折损，这样一来，恐怕咱们都要落入秦国这个‘渔夫’的手里了，还请大王三思之后再做出决定。”

听了苏代的话，赵惠王最终取消了攻打燕国的计划。

客观来说，赵国与燕国本身是没有仇怨的，赵国之所以想要攻打燕国，是担心燕国这个邻居在发展壮大之后，与自己争抢资源，成为自己的对手。这的确是一个可预见的危机，也是无法逃避的未来。但就如苏代所说，当赵国与燕国陷入鹬蚌相争的局面，彼此消耗时，谁又能保证不会有其他诸侯国趁机成为获利的“渔夫”呢？

历史上这样的故事不在少数。当两方势力争斗不休时，能够笑到最后，成为最终赢家的，往往是那个一直袖手旁观、看似无害的第三方。

李承乾和李泰是一母同胞的兄弟，他们都是唐太宗李世民的嫡子。作为嫡长子，李承乾很早就被李世民封为太子。但在晚年时，李世民对嫡次子李泰的过分宠爱，导致两兄弟决裂。

李承乾担心弟弟图谋自己的位置，而李世民对李泰的偏爱助长了他的野心，促使他产生争夺帝位、取而代之的心思。

最终，在李泰的故意刺激和挑衅下，太子李承乾决定起兵逼宫，结果事情败露，终被废黜。扳倒李承乾之后，眼看胜利在望的李泰，为了讨好李世民，明面上提出将来会“杀子传弟”，将皇位传给胞弟晋王李治，私下里却又以李治和参与太子谋反的汉王李元昌交好为把柄，恫吓李治。

得知真相的李世民心中悲凉，最后下定决心，将皇位传给了温厚仁孝且从未参与过皇位争夺的李治。

类似的事情同样发生在唐高宗李治的第二任皇后，也是我国历史上第一位女皇帝武则天身上。

据说在李治还是太子时期，他就曾和李世民的妃子武才人有过一段感情。后来武才人在感业寺出家为尼，李治登基即位，偶然到感业寺敬香，与其重逢，心中牵挂不已。

当时在李治的后宫中，王皇后与萧淑妃斗得不可开交。为了打压萧淑妃，王皇后便派人偷偷联系上武才人，并寻机将其带入宫中。就这样，王皇后和萧淑妃的争斗给了武才人逆转命运的机会。随后，聪慧的武才人抓住机会，牢牢掌控住李治的心，成为最后的赢家。甚至在李治去世之后，她登基上位，成为我国历史上第一位女皇帝。

不得不说，这夫妻二人都是在你死我活的宫廷斗争中，因“鹬蚌相争”而成功得利的“渔夫”。

可见，处理矛盾和争斗时，我们要冷静客观，不要被表面的利益诱惑而盲目参与，而要善于把握机会，站在更高的角度思考问题，避免被他人利用、牵制，成为他人利益的牺牲品。

贪小利，成大害

“夫孪子之相似者，唯其母知之而已；利害之相似者，唯智者知之而已。”

——《战国策·韩策三·或谓韩公仲》

“利”与“害”常常混杂在一起，令人难以分清。看似有利的，实则藏着大的危害，稍不注意，就可能祸及自身。因此，我们要去伪存真、由表及里，看透本质，不为斤斤小利所诱惑，从而做出正确抉择，获取真正的利益。

韩公仲，即韩朋，战国时期韩国的相国，权倾一时。他主持朝政期间，擅长利用复杂的国际环境，挟外国势力而自保、自重。

一次，有人跟公仲讨论各个国家的利害关系，他告诉公仲，韩国当前的“利”与“害”很相似，但智者会分辨出真正的“利”在哪里。眼下秦国和魏国想要联合，对此，不妨主动出击，由韩国促成秦、魏的联合。

这样一来，若联合成功，韩国会成为秦、魏往来之通道，地位得到提升，还可以趁机向秦、魏索要好处；若联合不成功，秦、魏两国迟早会反目，那时无论是哪一方，都会亲近韩国来防备另一方。这便让韩国无论怎样都能得到利益。

故事里的人，以一个举动——主动促成秦、魏联合，就让韩国在无害的情况下得到利益。他之所以能提出如此有效的建议，就在于他看透了秦、魏、韩三国的关系，明白它们的利害所在。

然而，很多时候，人们往往不是由表及里地看问题，而是会被事情表面所影响，被眼前的一些小利所迷惑，从而忽视隐藏在背后的大危害，结果招来灾祸，这样的悲剧历史上比比皆是。

春秋初期，诸侯并立，兼并无已。地处中原地带的晋国，意图攻占邻国虢国。然而，从晋国出兵到虢国，中间必须经过另一个小国——虞国。

虢、虞两国虽都是小国，地狭人稀，国力弱小，却是同姓毗邻，结有盟约。晋国无论同哪一个开战，都意味着要同时和两国之师相抗衡。

于是，如何拆散虢、虞两国的同盟关系，避免自己两线作战，就成了晋国此次军事行动迫切要解决的问题。

对此，晋国大夫荀息想出一条妙计，即用厚礼重宝贿赂收买虞公，拆散虢、虞之间的同盟，向虞国借道攻打虢国，待虞国中计、虢国败亡后再趁机攻下虞国，一箭双雕。

这个计策很快就得到晋献公的准许。不久，荀息就带着良马、美玉等奇珍异宝出使虞国，晋见虞公，献上珍宝，趁机正式提出借道攻虢的要求。

看着眼前的金银珠宝、良马美玉，虞公完全忘记自己与虢国签下的盟约，更没有意识到这背后的危险。他不但应允晋国军队通过虞国的土地，同时表示愿意出兵协助晋国作战。尽管虞国大臣宫之奇在一旁加以谏阻，但虞公已被眼前的珍宝迷惑，根本听不进去。

公元前 658 年夏，晋大夫里克、荀息统率晋国军队通过虞国的土地，攻打虢国。虞公也依约派出军队同晋军会师，协同晋军展开军事行动。

在虞军的积极配合下，晋军的进攻十分顺利，很快就攻占了虢国的下阳（今山西省平陆县境），一举控制虢、虞之间的战略要地。晋军还进一步摸清了虢、虞两国的虚实，为接下来的行动奠定了基础。

三年后，晋献公又一次向虞国提出借道伐虢的要求。这一次，虞国大夫宫之奇彻底看清“借道”背后所包藏的险恶用心，指出“虢国如果灭亡，虞国必然跟着灭亡”的事实。

然而，虞公早已利欲熏心，根本不采纳宫之奇的建议，反而被晋国的谎言所欺骗，以为晋国绝不会攻打自己，再次答应晋国借道的要求。

这一次，晋献公亲自统军借道虞国攻打虢国，志在必得。晋军进展迅速，很快就将虢都上阳（今河南省三门峡市陕州区境）团团围困。虢国弱小无援，几个月后就被晋军所灭，虢公仓皇逃走。

晋军凯旋回师，行至虞地驻扎时，乘其不备迅速发动袭击，生俘虞公，轻而易举就消灭了虞国，达成吞并两国的目的。

在这个故事中，虞公就是因为贪图一时的小利，被珍宝美言迷惑而失去判断，看不清“借道”背后的危险，最终不仅失去了盟友，也导致了国家的灭亡。

这正是贪小利而成大害！过分追求眼前微小、短暂的利益，或因一时的利益诱惑而忽视长远的利益或潜在的危害，最终会得不偿失。

因此，无论做任何事情，面临怎样的决策，我们都要有顾全大局的眼光，看清长远利益，而非眼前小利。这样，我们才能获得真正有价值的大利益。

“毁人”多树敌

“厚者不毁人以自益也，仁者不危人以要名。”

——《战国策 · 燕策三 · 燕王喜使栗腹以百金为赵孝成王寿》

为人处世，多讲究与人为善。若是通过诋毁、攻击或损害他人利益而获利，那就是在给自己树敌，不但会导致人际关系恶化，更会让自己处于不利的境地。

长平之战结束后，秦军前后斩杀赵国士兵及赵上党民众四十五万人，赵国元气大伤。

这时候，燕王听说赵国的壮年都死在了长平，遗孤还没有长大，觉得可以趁机出兵，攻打赵国。

众大臣都同意攻打，只有昌国君乐间反对。他认为赵国四通八达，百姓都善于作战，贸然与赵国开战，讨不到什么好处。燕王执意不听，很快发兵六十万攻打赵国。结果，燕军大败，乐间也投奔了赵国。

于是，燕王亲自给乐间写信，承认自己的错误，其中更引用了这样一句话：“厚者不毁人以自益也，仁者不危人以要名。”意思是，忠厚的人不会诽谤别人以求自利，仁慈的人不会危害别人以求美名。

燕王想用这句话告诉乐间，我虽有错，但希望你不要为赵国办事，来诋毁我、伤害我。

不得不说，燕王的说辞十分高明，从道德角度施加压力。乐间就算真的想帮赵国而伤害燕国，也会为此而难做抉择。

我们在人际交往中，也要谨记这个道理。获取利益的途径有很多，但通过诽谤、侮辱别人获利是不可取的；赢得名声的途径也有很多，但依靠损害别人扬名的方式也是不可用的。

凡事都有因果。无论是诋毁、谩骂、侮辱别人，还是损害他人利益，都相当于给自己找了一个敌人。虽然一时得利，但最终会为此付出代价。更何况，通过不当手段获取利益的人，也会因此失去人们的尊重和信赖，就算遇到困难，也没人愿意出手相助。

战国时期，庞涓与孙膑原是同窗好友，两人均师从鬼谷子学习兵法。孙膑是齐国人，庞涓是魏国人。

学习期间，孙膑就因卓越的智慧和兵法见解被老师和同窗所称赞，尤其在兵法上更胜庞涓一筹，这让庞涓心生嫉恨。

学成之后，庞涓先行出山，在魏国得到魏惠王的信任和重用，成为一位显赫的将军。

他深知孙膑的才能胜过自己。出于对自身地位的担忧和对孙膑才能的嫉妒，他暗地邀请孙膑来到魏国，表面上给予优待，实则暗中构陷。

不久，庞涓就诬陷孙膑私通齐国，并在魏惠王面前进谗言，将孙膑处以膑刑和黥刑，砍去孙膑的双足，想使他湮没于世，不为人知。

孙膑遭此横祸，却并未就此认命，而是凭借坚韧不屈的精神和过人的智谋，通过装疯卖傻逃过一劫。

此后，当齐国使者出使至魏国首都大梁（今河南省开封市西北）时，孙膑以刑徒的身份秘密拜见齐国使者，用言辞打动了他，随后被偷偷运回齐国。

在齐国，孙膑得到田忌的赏识，进而受到齐威王的重用，担任军师之职。

此后，孙膑运用高超的兵法战术，两次在齐、魏大战中击败庞涓及其率领的魏军。

公元前 354 年，在桂陵之战中，魏国进攻赵国，赵国向齐国求救。齐国采取孙膑提出的“围魏救赵”策略，直接攻击魏国首都大梁，迫使魏军回援，不但解除了赵国的压力，还在桂陵地区设伏，一举大败庞涓所率魏军，庞涓本人也被俘虏。

公元前 341 年，在马陵之战中，魏国攻打韩国，齐国再次援助。孙膑采用计谋，诱使庞涓追赶齐军至马陵（今河南省范县西南一带）。孙膑在此设下重重埋伏，利用地形和心理战，最终大败魏军。庞涓陷入绝境，羞愧之下，自杀身亡。

至此，同窗而读的两个人，一个身死，还留下“构陷同门”的骂名；另一个却功成名就，流芳百世。

仔细想想，庞涓即便才华不如孙膑，就没有出头之日吗？显然不是。若是他抱着平和心态，行正义之事，也可以凭自身才华建立功业，获得世人的赞赏和认可。然而，他却因嫉妒之心而选择损人获利，把原本的好友变成最大的敌人，让自己陷入凄惨境地。

由此可见，通过损害他人而获取自身利益，短期看于己有利，但长远看却后患无穷。一旦形成“损人利己”的习惯，长此以往，将会给自己树立更多的敌人，最终必将众叛亲离、孤立无援。

因此，在人际交往中，我们要尽量互相尊重、与人为善，能帮人一把就不要害人一时。须知，“毁人”多树敌，帮一把是朋友，害一时就是敌人。树敌太多，必遭反噬；广交朋友，才能顺风顺水、一路往前。

不说没把握的话，不求认知以外的利

“臣闻之，弗知而言为不智，知而不言为不忠。”

——《战国策·秦策一·张仪说秦王》

人贵在自知。任何时候，我们都要清楚地认识自己，了解自己的优点和不足，明白自己的能力和界限。没有把握的话不乱说，认知以外的利不索取。

战国时期，为了推行自己的连横策略，纵横家张仪对秦惠文王进行了一番游说，旨在让秦王认清形势，富国强兵，以称霸天下。

在游说的开始，张仪先说了一句话——弗知而言为不智，知而不言为不忠。意思是：不知道的还信口开河，这是不明智的；知道的却故意不讲，这是不忠实的。

他先简单分析了秦国的优势，指出秦有统一天下的实力。接着，他就毫不客气地指出秦国的失策之处，即秦在与楚、魏、赵三国的战争中，在占优势的情况下没有乘胜追击，从而错失霸主之业。这一切，都是谋臣的错。

正因如此，张仪自称，作为谋臣的他，才更要尽到臣子的职责，将一切讲给秦王听，并且肝脑涂地，助秦王夺取天下。

很多人明明对某件事或者某个人不了解，但却装出一副很了解的样子，随口乱说，信口开河。殊不知，言多必失，这样不但会给人留下坏印象，更可能引火烧身，带来麻烦。

与人沟通时，我们要有充分的依据和把握，根据事实进行表达，以免说错话或给出无法兑现的承诺。同理，在追求利益或者目标时，也应立足自己所了解和掌握的情况，不盲目追求超出自己认知边界的利益，以防陷入未知风险和困境。

作为世界上有名的投资家，巴菲特一直被称为“股神”。他的很多投资决策被外界称为“神操作”。但其实，巴菲特的每一个投资都是建立在他对该企业的充分了解基础之上的。

1987 年 10 月 19 日，美国股市经历了一次严重的崩盘，即历史上有名的“黑色星期一”。当日，全球股市在纽约道琼斯指数带头暴跌下全面下泻，引发了整个金融市场的恐慌，随之而来的，便是 20 世纪 80 年代末的经济衰退。

在这种情况下，人们对股市避之不及，纷纷逃离。而巴菲特却反其道而行之。

1988 年秋，巴菲特开始逐步买入可口可乐公司的股票，总投资额高达约 10 亿美元，占当时巴菲特的伯克希尔 · 哈撒韦公司资产的很大一部分。

这引起了不小的轰动。要知道，当时股市非常低迷，而且可口可乐的市盈率并不低，看起来不适合投资。难道巴菲特是盲目投资吗?

当然不是。对巴菲特来说，他从不进行没有把握的投资。购买可口可乐的股票，是因为他早已对其进行了深度调研和价值分析。

通过调研，他发现，可口可乐在全球拥有持久的影响力、众多的市场分部以及稳定的现金流。这些都显示出，这是一家拥有长期价值的好公司。

靠着这些扎实的了解，巴菲特做出了自己的选择。事实证明，他的选择是对的。

此后几年，巴菲特一直持有可口可乐的股份，并且从未卖出。随着时间的推移，可口可乐的业绩稳步增长，股价也在多年内大幅上涨。

1994 年，巴菲特持有的可口可乐股份市值已经显著增值，通过股息和资本增值，为他的公司带来丰厚的回报。2022 年，他当初的 13 亿美元投资已经增长到超过 250 亿美元，收益率可谓惊人。

当然，巴菲特也并非什么都投。当碰到他不熟悉、不了解、没有把握的领域时，他绝不会冒进、盲目参与。

20 世纪 90 年代末，互联网热潮爆发。许多投资者纷纷投资互联网初创企业，希望快速获利，巴菲特却没有参与其中。

在他看来，新兴的互联网商业模式和发展前景并不十分明确，他对其缺乏信心和把握。因此，他选择不涉足这一领域。事实再次证明，他的不参与，成功避开了随之而来的大规模市场崩盘。

由此可见，巴菲特的成功之道很重要的一点就是——不进行没有把握的投资，不涉足没有把握的领域。他只在自己认知所了解的领域投资，所以才会一直成功。

为人做事也是如此。不了解情况就胡乱说，容易得罪人，还可能惹祸上身；不清楚的事情就盲目跟着做，可能会落入别人的圈套，被人算计。唯有实事求是，谨慎务实，说有把握的话，做有把握的事，才能避免不必要的麻烦，赢得诚信待人的好名声。

第八章

进止

——进取时当仁不让，静止时不动如山

《礼记·曲礼》有言："进退有度，左右有局。"前进路上，一味冒进或一味固守都不可取，要的是进退有度、张弛有道。机会当前，该当进取时，要当仁不让，勇往直前；时不利我，该当静止时，要按兵不动，稳如泰山。

先踏一步，再论成功

“事有所出，功有所止。事成功立，然后德且见也。”

——《战国策 · 赵策二 · 武灵王平昼闲居》

凡事贵在行动。一件事，想得再好，策划得再精妙，不行动，不开始，绝无成功的可能。一旦开始，踏出第一步，坚持做下去，就有可能成功。

战国时期，赵武灵王在推行胡服骑射的过程中，遭到了很多大臣的反对，其中就包括他的叔父公子成。

为了说服公子成，让其明白穿胡服的最终目的是强国，赵武灵王告诉他，事情一旦开了头，就有成功的基础。也就是说，改穿胡服，只要开始做，就有做成的可能。

成与不成，先做了再说，也是我们做事时要谨记的重要原则。

很多人做事之前会过分纠结于事情的结果而怯于行动。结果一拖再拖，失去机会，最终原地踏步，一事无成。

很多时候，你比别人差的，并不是能力，而是行动力。同样一件事，别人已开始行动，你却还原地踌躇；别人小有成绩，你还在纠结彷徨；别人功成名就，你依旧原地待命……

不开始，不行动，步子都迈不出去，何谈成功呢？

在深山的古刹里，住着一个穷和尚和一个富和尚。

一天，穷和尚对富和尚说：“我想到南海朝拜，你看我的这个想法可行吗？”

富和尚听了，一脸不屑地反问他：“你这么穷，凭什么去呢？”

穷和尚回答说："我只要一个钵就够了呀。"

富和尚再次摇摇头说："这怎么可能呢？我多年前就想租船南下，到现在都没能做到，你就拿一个钵，怎么走啊？"

然而，穷和尚果真就拿着一个钵出发了。

几年后，穷和尚从南海归来，富和尚才感到十分懊悔。

其实，富和尚原本有着比穷和尚更好的条件可以去南海，但他只是在想象，或者说他过分担心路上的困难而不敢去做，不愿付出行动，结果错过了机会。

穷和尚面对可能到来的困难毫不畏缩，也不动摇，而是坚定地踏出一步，勇于实践，最终实现自己的理想。

生活中有很多人像富和尚，明明想做一件事，却总是自我夸大困难，或者给自己设置很多障碍，结果一直处于担忧、纠结之中，始终无法迈出一步。

综观古今中外，很多成功者之所以成功，也恰恰是因为他们比别人更快地付出了行动。

亚历山大·格拉汉姆·贝尔是美国著名的发明家、企业家，作为电话的发明者，他获得了世界上第一台可用电话机的专利权，由此创建了贝尔电话公司。

然而，早在贝尔之前，意大利物理学家安东尼奥·梅乌奇就已经设计了一个能够传输声音的装置，也就是所谓的"电传话机"。

梅乌奇虽然发现了电信号可以携带声音的基本原理，但他没有进一步行动，用实验来完善这项技术，也没有积极推广其发明。

结果，当1876年贝尔和他的助手成功研发出第一部可用电话并迅速获得专利时，梅乌奇才意识到，他错过了将发现转化为实际应用的机会。

这个故事说明，即使有了伟大的发现和创新理念，如果不去实践，不付出行动去研究与完善，也不能真正实现其价值。

尽管梅乌奇先于贝尔发现电信号可以携带声音的基本原理，但贝尔通过自己的实际行动最终成为电话发明者，被人铭记至今。

俗话说："临渊羡鱼，不如退而成网。"与其站在河边，看着河里的肥鱼嘴馋，不如回家结网来捕鱼。

与其浪费时间担忧害怕，不如勇敢面对，踏出一步，成与不成，做了再说。而且，比起把梦想束之高阁，努力实现的过程更加美好。

所以，无论你想获得怎样的成功，都必须记住：先踏出一步。这是至关重要的。因为任何成功，缺少了实干精神，没有行动做依托，都不过是镜花水月、一切空空。

拿捏分寸——少则无益，多则成害

“蛇固无足，子安能为之足。”

——《战国策 · 齐策二 · 昭阳为楚伐魏》

无论做人还是做事，我们都要懂得掌握分寸，适可而止。太过，容易招人记恨，惹祸上身；不足，容易被人轻视，达不到应有的效果。

楚怀王六年（公元前 323 年），为了送流亡在楚的魏公子高回国当太子，楚国大将昭阳率领楚军伐魏，大败魏军于襄陵（今河南省睢县），占领了魏国的八座城池。之后，昭阳借着胜利之势，又移师准备攻打齐国。

齐王听说之后，万分忧虑，赶紧派有名的谋士陈轸充任使者，对昭阳进行游说。

陈轸见到昭阳后，给他讲了“画蛇添足”的故事。故事说楚国贵族祭祀先祖，备了一壶好酒款待门客。门客商议决定比赛画蛇，谁先画完，谁就能独得好酒。

有一个门客率先画好了，已经把酒壶拿在手里。但他扬扬得意，竟然又给蛇画起了脚。结果，另一人画完，立马抢了酒壶痛饮起来，并且大骂前者，说蛇本无脚，画脚纯属多余。

通过这个故事，陈轸告诉昭阳，现在的他已经战功赫赫、声名远扬，获得了应得的封赏和官位。即使是再立功，楚王也不可能给他更高的官位了。继续作战下去，就相当于画蛇添足，多此一举，只会招致杀身之祸。

不得不说，陈轸是个厉害人物。他仅用一个故事就阻止了昭阳的进攻，从而挽救了齐国。他所讲的“画蛇添足”的故事，也说明为人处世一个很重要的道理，即凡事要掌握分寸，懂得适可而止。

与人交往要掌握分寸，不可太亲近，也不可太冷淡，保持适中关系，可进可退，游刃有余。处理事情也要掌握分寸，不可太极端，也不可太柔弱，适当行事，给自己谋利益，也给别人留余地。

春秋时期，齐桓公重用管仲为相。管仲以卓越的政治智慧帮助齐桓公推行一系列改革，使齐国逐渐强盛起来。

在葵丘会盟中，齐桓公召集各诸侯结盟，确立了自己的霸主地位。

按理说，已经称霸的齐国，行事作风势必张扬跋扈，蔑视群雄。

然而，管仲却一直提醒齐桓公，不可太过骄傲而轻视诸国。葵丘会盟时，他劝解齐桓公要表现得既有威严又不失谦逊，既要展示实力又不能过于咄咄逼人，以防引起诸侯国的反感与联合反抗。

毫无疑问，管仲深知过犹不及的道理。即便齐国已成为诸侯中的霸主，他仍劝诫齐桓公，在处理与其他诸侯国的关系时要掌握分寸，既要有强硬的一面，也要有包容和协调的一面，从而确保齐国在诸侯中的领导地位得以稳固、持久。

管仲的这一“分寸感”拿捏，让齐国稳坐霸主之位，成为“春秋五霸”中最盛的一个。

在遥远的西方，同样的故事也在发生。公元前334年，年轻的马其顿国王亚历山大大帝率领大军入侵波斯帝国，开启了著名的亚历山大东征。在伊苏斯战役中，亚历山大击败了强大的波斯皇帝大流士三世，并俘虏了他的母亲、妻子和儿女。

这时候，亚历山大展现出极高的自制力和做事的分寸感。他没有乘胜追击，也没有虐待或羞辱波斯皇室成员以示威，反而给予他们应有的礼遇和尊重，释放了他们，并且把大流士的母亲置于自己的保护之下。

这一做法在当时的社会环境下极为罕见。也正因如此，亚历山大赢得了波斯贵族和人民一定程度上的尊重，为他后续的征服减少了阻力，也稳定了刚刚占领的地区。

亚历山大大帝明白，在权力争斗中，除了武力征服外，还需要宽容来巩固统治。这对于保持社会稳定和实现长远统治至关重要。因此，他选择适当给对方留有余地，不赶尽杀绝。

事实证明，给对方留余地，也是在帮自己。

很多人就是不懂得掌握分寸，做事太过或者不足，而导致失败。因此，我们在为人处世的时候，要懂得掌握分寸，适度而行，适可而止，否则会适得其反、弄巧成拙。

错误道路上，走得越远，损失越大

“以地事秦，譬犹抱薪而救火也，薪不尽，则火不止。”

——《战国策 · 魏策三 · 华军之战》

有时候，失败并不是因为你不够努力，而是因为你选错了方向。在错误的道路上走，走得越远，损失越大，而且永远到不了终点。只有方向对了，才能成功抵达。

战国时期，战乱不息。一次，秦、魏两国在华阳交战，魏国战败。第二年，魏王派大将段干崇向秦国割地讲和。

这时，谋士孙臣对魏王进谏，劝他不要给秦国割地，其中有一句话是“以地事秦，譬犹抱薪而救火也，薪不尽，则火不止”。意思是，用土地去侍奉秦国，如同抱着柴草去救火，柴草不烧完，火势不会熄灭。

孙臣的意思很明确：向秦国割地求和的做法是错误的，如此下去，只会让秦国的胃口越来越大，而魏国的土地早晚有一天会被割尽。

在错误的道路上一直走，是无论如何都走不通的，反而会产生更大的损失。正所谓，方向不对，一切白费。就好比你要去北方，但一直往南走，走得越快、越久，实际上距离目的地也就越远。做事也是一样，首先要确立正确的努力方向，这样才有可能成功。如果方向不对，你还一个劲儿地闷头走，结果只能是白白付出努力而已。

1880 年，发明家乔治 · 伊士曼在美国创办了伊士曼柯达公司

(以下简称柯达公司)。经过 100 多年的发展，柯达公司逐渐成为世界上最大的影像产品及相关服务生产和供应商，业务遍及世界 150 多个国家和地区，全球员工达 8 万人。

多年来，柯达公司在影像拍摄、分享、输出和显示领域一直处于世界领先地位，让无数人用相机留下美好回忆、交流重要信息以及享受娱乐时光。

20 世纪 90 年代末到 21 世纪初，数字摄影技术开始崭露头角，对传统胶片摄影市场产生冲击，也预示着摄影技术领域的大变革。

柯达公司作为胶卷业巨头，早在1975年，其工程师史蒂文·萨松就发明了世界上第一台数码相机原型。

然而，当时柯达公司并未意识到这场技术革命会彻底颠覆胶片市场，反而担心数字技术会影响其核心业务胶卷的利润，从而迟迟没有投入数字影像技术的研发和市场推广。

于是，在数字摄影技术如火如荼发展的时候，柯达公司选择继续坚守传统的胶片市场，从而错失绝佳的进入机会，结果可想而知。

随着数字摄影技术的广泛普及，胶片市场逐渐退出历史舞台，柯达公司面临严重的生存危机。2012 年 1 月 19 日，已经存在 132 年的柯达公司申请破产保护。

不得不说，柯达公司面临数字摄影技术时选择了固守胶片市场，就是一个方向性的错误。它没有把握住未来发展的趋势，逆潮流而走，自然会被时代所抛弃。

同样的情形也发生在另一个曾经的世界级企业上。

诺基亚曾是全球手机市场的领军企业，尤其是在功能机时代，其市场份额一度高达 40% 以上。然而，随着智能手机时代的来临，特别是苹果在 2007 年推出 iPhone，以及谷歌安卓系统的崛起，移动通信行业发生了翻天覆地的变化。

面对这一变革，诺基亚同样没有意识到潮流的走向，而是选择继续押注在自家的塞班系统上，由此错过了最佳的转型时期，市场份额急剧下滑。

尽管在 2011 年诺基亚与微软合作，试图通过 Windows Phone 系统挽回颓势，但此时的市场已被 iOS 和安卓瓜分殆尽，消费者对 Windows Phone 系统的接受度并不高。

2013 年，诺基亚将手机业务出售给了微软。

柯达和诺基亚的案例，生动地展示了企业在面临行业变革和技术迭代的关键时刻，一旦选择了错误的战略方向，就可能导致原本强势的企业走向衰落和失败。

企业如此，人生更是如此。无论做任何事，确定好方向很重要。在错误的方向上一直走，只会一错再错，损失更大。只有在正确的方向上前行，你付出的努力，才会得到应有的回报。

方向错了，越勤奋越“失败”

“今王动欲成霸王，举欲信于天下。恃王国之大，兵之精锐，而攻邯郸，以广地尊名，王之动愈数，而离王愈远耳。”

——《战国策 · 魏四 · 魏王欲攻邯郸》

很多时候，我们所做的选择往往决定了我们的未来。当我们试图完成一件事时，是否选择了正确的方向，往往比付出多少努力更重要。选择了正确的方向，我们付出的每一分努力都不会白费；但如果从一开始就选择了错误的方向，那么，我们的努力只会让我们离既定目标越来越远。

魏惠王统治时期，魏国经历魏文侯的变法和魏武侯的扩张之后，已经步入强国行列，实现称霸中原的愿望。许多小国纷纷前来依附，向其投诚。

公元前 354 年，因为赵国攻打魏国的邻国卫国，魏惠王便下令让大将庞涓率军前去攻打赵国的都城邯郸。当时，魏国的大臣季梁正在“出差”，听说这件事后，走到半路就急急忙忙地折返回来，进宫前去觐见魏惠王。

见到魏惠王后，季梁并未直接道明来意，而是对他说：“大王，我这次出去，遇到一件很有意思的事情。我在路上遇到一个人，正驱车朝着北方行进。我问那人：‘你要去哪里？’这人回答说：‘我要去楚国。’我觉得很奇怪，楚国在南方，可他却是向北行，于是我便问他：‘你要去楚国，应当向南走，为什么却一直向北边前进呢？’那人下巴一扬，说：‘我的马匹十分精良！’我提醒他说：‘是，你的马匹精良，可即便如此，这个方向也不是去楚国的呀。’那人又说：‘我的盘缠也很充足。’我无奈地再次提醒他说：‘即便你盘缠再多，你所行走的方向，也不是前往楚国的啊。’那人还不死心，又说：‘我的车夫有着天底下最厉害的驾驶技术！’我无奈地感慨道：‘你越是拥有这么多优秀的条件，你的马车就只会离楚国越来越远啊！’”

说到这里，季梁停顿片刻，对魏惠王行了一礼，恭敬地说：“大王，您如今所做的一切，都是为了成就霸业、取得威信，容不得半点闪失。但若是倚仗国力强大，军力强盛，就去攻打邯郸，用这种方式扩大疆域，提高名声，这样的行动越多，距离大王您想要成就的事业便会越远。这和那位想要前往楚国，却一直朝相反方向走的人有何区别呢？”

无论做任何事情，我们都要找准正确的方向，这样才能让勤奋和努力得到相应的回报，从而实现更大的成功。只会一味埋头苦干，或只看得见眼前利益，而不考虑长远未来的话，再多的努力与勤奋，只会成为无谓的消耗和浪费。

汉朝时期，有位将军名叫李广，他的先祖是战国名将李信。李广继承了先祖的骁勇善战，骑射技术尤其出神入化，敢与猛兽搏斗。

景帝时期，李广任上谷太守，几乎每天都在与匈奴作战，很快就有赫赫威名，为稳定边疆做出巨大贡献，并赢得“飞将军”

的美誉。

然而，武帝即位之后，李广的运气似乎急转直下。公元前 129 年，因匈奴多次侵扰大汉边境，武帝忍无可忍，决定对其采取军事打击。他派出四位大将，分给他们每人一万兵马，让他们分道攻打匈奴，“飞将军”李广便是四位大将之一。武帝这般安排，一方面是打算挫挫匈奴的锐气，另一方面也是想看看这几位将领的才能。

没想到的是，这次出征，李广非常倒霉，刚进入大草原就直接撞上匈奴的精锐主力。由于双方兵力悬殊，李广率领的军队全军覆没，就连自己也被匈奴人俘虏了。好在李广头脑灵活、武力高超，找到机会从匈奴手中逃回。因出战失利，李广被贬为庶民。

数年后，武帝再次展开对匈奴的军事行动，李广得以起用。然而，这一次出征，李广的运气仍旧不太好，还因为贪功冒进造成巨大伤亡。若不是张骞军队及时赶到，他恐怕就要全军覆没了。

不久，武帝决定再次攻打匈奴，李广得知此事后，多次请求武帝让他出征。此时的李广已经不年轻了，武帝见他一把年纪，又这样坚持，只好点头答应。但在出征前，武帝还是将卫青叫来，悄悄叮嘱：“不要与李广走得太近，他这人，实在是太倒霉了。”

果不其然，这一次出征，李广不仅没能立功，更是因为迷失道路，耽误了与其他部队会合的期限，甚至连匈奴人都没撞见，着实令人唏嘘。

李广的个人能力是毋庸置疑的，他的失败不是因为自身能力不足，而是因为每次都未能做出正确的选择。这与运气成分有关，却也不完全取决于运气。比如在第三次出征时，李广之所以会迷路，是因为军队没有向导，而没有向导则是因为他为了建功立业，不顾上级的安排，一意孤行地按照自己的想法行事。有时候，一个错误的选择足以颠覆一切。

在人生道路上，我们需要时刻审慎思考、理性决策，避免冲动和盲从，这样才能确保我们的每一次选择都符合自身的目标。只有通过明智的选择，我们才能为自己创造更好的未来，实现更大的成就。

让强者翻船的，往往是“小错”

“臣闻积羽沉舟，群轻折轴，众口铄金，故愿大王之熟计之也。”

——《战国策 · 魏策一 · 张仪为秦连横说魏王》

对强者或成功者来说，他们往往容易忽略一些看似微不足道的小错误、小缺点或小问题。然而，正是这些“小错”，经过长时间的积累，可能铸成“大错”，带来不可挽回的损失。

战国时期，为了打破苏秦在六国间建立的“合纵”抗秦策略，张仪开始对各国君主游说，推行瓦解六国联盟的“连横”策略。

在魏国时，面对魏国君主魏哀王，张仪从魏国的地理形势入手，指出魏国地势平坦，交通发达，极适合作战。因此，很容易遭到其他各国的侵犯。

接着，张仪又分析了“合纵”策略的不可靠之处，指出各国各怀心事，根本不可能真心联合，魏国如果被攻打，根本不会有人来帮忙。

羽毛多了也可以压沉船只，轻的东西装多了也可以压断车轴，众口一词足以熔化金属。他进一步告诫魏哀王，小的不利因素积累多了会酿成大祸，因此必须重视起来。

魏王通过这番话意识到可能到来的大危险，于是马上同意张仪的建议，决定投靠秦国。

生活中，对一些显而易见的大错误，人们往往都很重视，一旦出现便有效应对；但对一些看似微不足道的小错，却时常忽视而置之不理。

然而，很多时候，恰恰是被人们忽视的这些“小错”，在一而再再而三的“置之不理”之下，逐渐积累形成大势，最终小错演变成大错，酿成无法挽回的局面。

项羽，楚国名将项燕之孙，秦末起义军领袖之一，勇猛善战，曾率江东八千子弟起兵反秦，后自封西楚霸王，威震天下。

在前期，项羽追随陈胜、吴广起义，陈胜死后，又领导反秦武装主力，拥立楚怀王之孙熊心为王。此后，他领兵救巨鹿，破釜沉舟，大败秦军主力，招降秦将章邯，坑杀秦卒二十万，进军关中。

在咸阳，鸿门宴上杀刘邦未遂，与之达成和解，遂屠咸阳，杀秦王子婴，烧秦宫室。公元前 206 年二月，项羽分封诸侯，以刘邦为汉王，自立为西楚霸王，定都彭城（今江苏省徐州市）。

此时的项羽，可以说达到了人生巅峰，已然傲视群雄，坐拥天下。

然而，就是这样一个人物，却在随后的楚汉战争中败给刘邦，于乌江畔自刎，结束了一代英雄的传奇生涯。

而细究项羽的失败，不难发现，他正是败在了一件件他自认为微不足道的“小错”上。

首先便是“鸿门宴”上的妇人之仁。当时，项羽在掌握绝对优势的情况下，本该斩草除根，一举扫除刘邦这个潜在的竞争对手和敌人。

然而，他却不顾亚父范增的建议，因一时犹豫和刘邦表现出的敬畏之情，放过了这个未来的劲敌。在当时项羽看来，这并不是一个要命的错误，但事实证明，这个“小错”最终导致了他的失败。

其次是分封诸侯决策的失误。项羽在推翻秦朝后，没有效仿秦始皇统一全国的做法，建立帝制，登上帝位，反而实行分封诸侯的旧制，导致诸侯各自为政，彼此纷争不断，一方面削弱了自身的力量，另一方面也壮大了刘邦的势力。

再次是他那些不得人心之举。在秦末战争中，项羽多次屠城，尤其是进军关中后，坑杀秦军二十万降卒，令人惊骇。这样的暴行无疑令其失去民心，也失去许多潜在的支持者。

项羽的另一个“小错”，在于他对人才的不重视。范增作为项羽的重要谋士，辅佐项羽称霸诸侯，鸿门宴上力劝项羽杀刘邦，分封诸侯之后还力主将刘邦分封在偏僻的巴、蜀、汉中一带加以抑制。

然而，就是这样一个得力谋士，项羽却未好好使用。鸿门宴上，项羽没有听从范增的建议放走了刘邦；汉王三年（公元前 204 年），刘邦为摆脱战场不利形势向项羽请和，范增主张将其消灭，项羽又听信谗言，不但不听劝，反而怀疑范增。最终，范增愤然离去，途中发背疽而死。

更为遗憾的是，范增死后，项羽丝毫没有招揽贤士的意思，结果导致他在战略决策和执行方面出现颇多失误。

这一件件的“小错”，在项羽看来或许微不足道，没什么大的危害，然而每件事都在一步步削弱项羽的优势，直到最后的垓下之围，项羽终陷入四面楚歌的境地，身边唯有虞姬。于是，他乌江自刎，英雄落幕。

综观项羽的一生，他虽然骁勇善战，拥有杰出的军事才能，然而在性格上却刚愎自用、优柔寡断，一次次忽视“小错”，最终一步步把自己推向末路。

正所谓“千里之堤，溃于蚁穴”。任你实力多么强大，能力多么强悍，也有可能被那不起眼的“小错”而绊倒、打败。毕竟，无论再微小的错误，积累多了，时间久了，也会形成可怕的力量，到那时再重视，已然晚了。

因此，越是强大的时候，越不能忽视那些微小的错误和隐患，而是要谨慎对待、防微杜渐，一旦发现就及时改正。只有这样，才能让每一步都走得踏实稳固，最终达成目标。

埋头前进，也要找好退路

“狡兔有三窟，仅得免其死耳。今君有一窟，未得高枕而卧也。”

——《战国策 · 齐策四 · 冯谖客孟尝君》

前进路上，我们除了埋头赶路，也要备好后路。凡事给自己多留一条退路，就是多加了一重保障，不但能提高应对危机的能力，还能在关键时刻保护自己。

战国四公子之一的孟尝君，好客养士，府上门客众多。一次，有个名叫冯谖的人，穷得没法养活自己，就托人请求孟尝君，说想在他家里当个食客。

孟尝君问他有何爱好和才能，介绍人回答说都没有。孟尝君也不计较，还是召他入了府。

没想到，这个看似一无是处的人，却在日后帮了孟尝君的大忙。

一次，孟尝君要派人收租，就询问食客谁熟悉会计工作，没想到冯谖竟毛遂自荐。于是，孟尝君派他前往自己的封地薛地收租。

冯谖到了薛地，核对了百姓的借约之后，却假传孟尝君的命令，将债款全部赐还给百姓，还把借券给烧了。百姓以为是孟尝君爱护子民，纷纷高呼“万岁”。

孟尝君听闻此事，十分生气，就责问冯谖。冯谖却说，这是他用债款为孟尝君买的“仁义”。孟尝君当时并不理解是何意。

一年后，孟尝君到他的领地薛去，还差百里未到，薛地的人民就扶老携幼，纷纷在路旁迎接。此时，孟尝君才恍然大悟，明白了冯谖为他买的“仁义”其实就是民心。他得了民心，便也在君王那里得了一重保障。

这时，冯谖又拿兔子做比喻：狡猾的兔子会准备三个洞，以躲避追捕。现在您只有一个洞，还不能高枕无忧。

冯谖告诉孟尝君，要给自己多留几条退路，以应对复杂的朝堂局势。

事实证明，冯谖是非常有智慧和远见的。他在其后又通过智谋帮孟尝君准备了另外两个“洞”，最终让孟尝君在齐国做了几十年的相国而安然无恙。

做任何事，专注于前行没错，但只顾前进而忽视后路，却也是致命的。毕竟，凡事都有曲折，一旦陷入困境，或者遇到走不通的情况，有了后路就可以及时更正，重新开始。但如果丢了后路，就彻底失去了翻盘的机会。

古今成大事者，做事都懂得考虑周全、能进能退。主动出击、前进攻取的同时，也会筹划后备方案，给自己准备好退路。这样才能在挫折与困境中保全自身，获得翻盘机会，最终成功。

公元前 279 年，秦昭襄王为了集中力量攻打楚国，主动与赵国交好，邀请赵王在渑池会谈。

这一时期，秦国已经十分强大，其他诸国对其有所畏惧。赵王害怕秦王，并不愿意赴会，然而，不去肯定会招致秦王的不满。

于是，赵国名臣廉颇、蔺相如针对当时的局势，仔细商量谋划，想出一个完备的方案，然后劝告赵王只管前去，不要害怕。

赵王动身赴会，由蔺相如随行，廉颇则在赵国坐镇。

廉颇将赵王送到边境，跟赵王辞别时说："大王这次出行，估计一路行程加上会见的各种礼节，直到回国，时间不会超过三十天。如果大王三十天之内没有回来，就请允许我立太子为王，以便断绝秦国要挟赵国的念头。"

赵王同意了廉颇的建议，随后就和秦王在渑池会见。

秦、赵会见之后，秦王有意彰显自己的威望，酒喝得高兴时对赵王说："我私下听说赵王喜好音乐，就请赵王给我弹弹瑟吧！"

赵王不敢不从，于是就弹起瑟来。这时，秦国史官走上前来写道："某年某月某日，秦王与赵王会盟饮酒，命令赵王弹瑟。"

面对如此贬低赵王的行径，蔺相如果断反击，走向前去说："赵王私下听说秦王善于演奏秦地的乐曲，请允许我献盆缶给秦王，请秦王敲一敲，借此互相娱乐吧！"

秦王大怒。此时蔺相如已走过来献上一个瓦缶，趁势跪下请求秦王敲击。秦王迟迟不肯敲击瓦缶。

见此，蔺相如说："如果大王不肯敲缶，那么在五步距离内，我可以把自己颈项里的血溅在大王身上！"

秦王周围的侍从听了，马上就要挥刀杀蔺相如。蔺相如义正辞严，怒目圆睁，威严呵斥他们，一众侍卫都被吓退了。

于是，秦王尽管很不高兴，但还是不情愿地敲了一下瓦缶。

蔺相如回头召唤赵国史官，命其写道:“某年某月某日，秦王为赵王击缶。”

此时，秦国的众大臣都说:“请赵王用赵国的十五座城为秦王祝寿。”

蔺相如也不甘示弱，大声说道:“那也请把秦国的都城咸阳送给赵王祝寿。”

如此你来我往之后，直到酒宴结束，秦王始终未能占到赵国的上风。另外，赵国已经大量陈兵边境以防备秦国入侵，秦军也不敢轻举妄动。

这便是历史上有名的“渑池会盟”。面对秦王的百般刁难，赵王之所以能全身而退，让秦王讨不到一点便宜，除了蔺相如胆识过人、机智勇敢应对之外，更重要的是准备了万全的后路。

很显然，赵王与秦王相会，有可能被秦王挟持，赵国国内也可能因大王被挟持而乱作一团。但是蔺相如和廉颇已经计划好了退路——由廉颇坐镇国内主持大局，一方面陈兵边境严防秦军，另一方面随时准备推举新王。

也就是说，秦王即便挟持了赵王，也无法轻易攻下赵国，反而会落下不守信誉的坏名声。

由此可见，准备好后路是多么重要。尤其是身处弱势时，最容易受制于人，此时若不提前想好退路，给自己“留几手”，便真的会惨败而无法翻身。

天下没有常胜将军，也没有绝对的一帆风顺。无论做任何事，我们都要预先做好多重准备，给自己多备几条后路。这样，才能在面临危险时有路可退，保全实力，东山再起。